La Réunion des Orchidées sauvages

ISBN 2-9522529-0-4
© Editions mabé 2004

Martin Benke

La Réunion des Orchidées sauvages

mabé

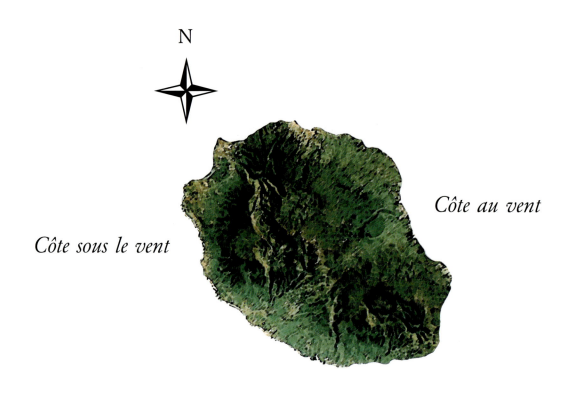

Côte sous le vent *Côte au vent*

...à Nadine,
Paco et Bilbo

Il y en a tant ?

Pendant ces quatre années de crapahutage, de recherche et d'aventure dans les forêts réunionnaises, l'étonnement des promeneurs que j'ai pu croiser était toujours palpable. « Qu'est-ce qu'il fait le monsieur avec une échelle en plein milieu de la forêt » ? Voilà une bonne question.

D'ailleurs, les occasions de me la poser à moi-même ne manquaient pas. Quand la pluie s'abattait en trombe et que les treize kilos de matériel commençaient à « tirer », quand cette échelle absurde rendait tout avancement burlesque et évidemment, quand la voiture était garée à deux heures de marche, je me suis demandé effectivement : « Mais qu'est-ce que tu fais » ? Eh bien, des photos d'orchidées.

Lorsque j'expliquais aux curieux le but de mes efforts, la réalisation d'un livre sur les orchidées sauvages réunionnaises, une question revenait régulièrement : « il y en a tant » ?

Hormis le « faham », l'existence de ces plantes demeure apparemment entourée de mystère. Pour l'éclaircir délicatement, mon regard s'est focalisé sur 64 des quelques 120 espèces attestées.

Un choix arbitraire qui répond à quelques critères pas nécessairement objectifs, comme la beauté et l'excentricité, mais aussi la rareté ou au contraire l'accessibilité, l'endémisme etc.

Exceptées *Oeoniella polystachya* (page 126) non retrouvée et *Bonniera corrugata* (page 68) non fleurie, toutes les plantes et fleurs présentées ont été photographiées *in situ*, c'est à dire dans leur milieu naturel.

Au début, je tenais absolument à donner des indications précises concernant les sites de répartition, mais très vite j'ai été malheureusement contraint d'abandonner cette idée au vu des menaces qui planent sur bon nombre d'espèces. Dans le souci de leur protection, botanistes, agents d'ONF et amateurs m'ont conforté dans cette démarche.

Avec une bonne carte et l'œil aiguisé, la plupart des espèces restent cependant accessibles pour les passionnés qui prennent le temps de connaître ces plantes énigmatiques que sont les orchidées.

Martin Benke   Saint Denis, août 2004

règna le sublime chaos magmatique, né des entrailles de la terre

A peine refroidie, la lave jusque-là déserte présenta des taches de verdure : mousse, lichen et fougères, végétaux primitifs venus de la nuit des temps, couvrirent peu à peu sa surface hostile.

Accompagnée de poussière volcanique, leur matière en décomposition constitua la première fine couche d'humus essentielle à l'installation des arbres. A leur tour, les orchidées ne tardèrent pas.

Dessine-moi... une orchidée

De la Sibérie aux lisières torrides des déserts, des rivages océaniques aux vallées enneigées des Alpes, des Andes ou de l'Himalaya, sans oublier les forêts équatoriales, les orchidacées, apparues il y a environ 200 millions d'années, peuplent actuellement tous les continents à l'exception de l'Antarctique, bien sûr.

Malgré son ancienneté relative, l'orchidée est considérée comme une plante adolescente en pleine ébullition. Sa flexibilité génétique a permis, et permet encore aujourd'hui à cette vaste famille, composée de plus de 20 000 espèces, d'évoluer, d'inventer des ruses ingénieuses pour mieux vivre et survivre.

La robustesse de certaines orchidées lithophytes peut surprendre. Ce petit groupe d'*Angraecum eburneum* (page 47) s'est installé sur un énorme rocher de la forêt semi-sèche. A l'exception de quelques feuilles jaunies par l'intensité du soleil, les plantes affichent une santé de fer.

Il y a très longtemps, la grande majorité des orchidées renonça à un destin banal et quitta la « terre promise » pour une vie plus excitante, bien que plus laborieuse. Avides d'air et de lumière, elles escaladèrent les troncs, les branches, les cimes des arbres, colonisèrent même la pierre nue réfractaire à toute vie, les parois rocheuses exposées aux vents et au soleil.

Leur audace exigea une multitude de transformations, d'adaptations à une nouvelle existence. Terminés les jours paisibles, l'abondance de l'humus protecteur : pour grimper, il fallut des racines fortes, très différentes de celles qui creusent la terre, capables de s'agripper, de se cramponner avec toute la force nécessaire pour tenir fermement.

Après une averse, elles captèrent le peu d'eau ruisselant le long des arbres, chargée en quantités infimes de matières fertiles et de sels minéraux.

Alors pour accroître leur capacité d'absorption, certaines orchidées imaginèrent quelque chose d'inouï, paradoxal à première vue : des racines aériennes. Sensibles au jeu subtil de l'ombre et de la lumière, ces éclaireuses ont pour première mission de trouver le bon chemin vers l'obscurité du support vital, au péril de la plante entière. Ensuite, habillées d'une peau épaisse et duvetée comme du velours, elles boivent de l'air, filtrent l'humidité ambiante, tout en stabilisant la plante dans son ascension.

Ah, la douce vie des forêts tropicales ! Les températures constantes des saisons invariables, la pluie en abondance et la lumière tamisée par la canopée générèrent au fil des millénaires une diversité prodigieuse d'orchidées épiphytes. Plus de 2 000 espèces pour la seule Colombie actuelle, par exemple.

En s'éloignant de l'équateur, cette densité diminue au gré des latitudes. Dans les régions subtropicales, l'année est ainsi rythmée par une valse à deux temps : humide et chaud, sec et plus frais.

Cette rarissime *Corymborkis corymbis* est une orchidée terrestre de basse altitude. La forêt chaude et humide du Sud accueille l'unique station actuellement connue : 200 m² pour une trentaine de pieds. Hypersensible, la plante répond au moindre dérangement par l'abandon immédiat de sa timide floraison blanche. Si tout va bien, celle-ci a lieu entre décembre et février.

Comme chez toutes les orchidées terrestres géophytes, les tubercules de *Benthamia spiralis* sont de véritables réservoirs. Après la période sèche de l'hiver austral réunionnais, cette proche cousine de *B. nigrescens* (page 64) puise son énergie dans ces garde-manger pour amorcer le cycle végétatif.

Une fois de plus, les orchidées se montrèrent à la hauteur pour s'acclimater et adopter une stratégie de survie pendant la période sèche.

D'abord, arrêter de pousser, marquer une phase de repos. Logique. Ensuite, garder ses forces, ce qui signifie, pour une plante, stocker de l'eau. Mais comment ? Elles développèrent une panoplie d'astuces pour traverser cette épreuve, chacune à sa manière.

La plus commune : dilater la base de la plante en formant les fameux pseudobulbes. Ces faux bulbes, dans le strict sens botanique, ont donné le nom au genre *Bulbophyllum* (page 70), et se rencontrent aujourd'hui parmi une foule d'orchidées comme l'*Oncidium*, la « Pluie d'or » de nos jardins.

Chez d'autres, ce n'est pas le pied qui gonfla mais la tige entière, prête à emmagasiner les sucs. Aujourd'hui, certaines *Phalaenopsis* se reposent sur leurs larges feuilles, d'autres les perdent et ce sont les racines grassouillettes qui ravitaillent alors la plante dénudée.

Poussée à l'extrême, la spécialisation permit aux orchidées épiphytes de trouver leur place sur les belvédères des arbres, alors jusque-là inoccupés.

Restent celles qui n'ont jamais décollé : les terrestres. Leur feuillage souple, parfois luxuriant, les distingue nettement de leurs semblables, mais en y regardant de plus près, les signes ne trompent pas. En dégageant délicatement les pieds d'une *Calanthe*, d'une *Eulophia* ou d'un *Phajus*, les pseudobulbes apparents trahissent leur appartenance à la famille des orchidées. Pendant leur repos, elles gardent la majorité de leur parure en attendant patiemment le moment propice pour déplier de nouvelles feuilles.

Les orchidées terrestres géophytes, quant à elles, survivent d'une façon différente : en abandonnant toute matière végétative, elles disparaissent simplement de la surface en se « repliant » sous terre. Selon l'espèce, un ou plusieurs tubercules parfaitement protégés assurent alors la pérennité de la plante jusqu'à son réveil. C'est pourquoi en quittant les contrées tempérées, en direction du Nord, on scrute vainement les troncs et les cimes à la recherche d'épiphytes. C'est le royaume des géophytes, les seules capables de résister aux hivers rudes, leurs « bourses » au chaud.

Ce fut l'idée d'un certain Theophraste, scientifique et philosophe grec au IIIe siècle av. J.C., d'appeler ainsi une communauté de plantes méditerranéennes : les *orchis* - testicules.

Manifestement inspiré par les deux tubercules pendouillant en bas de la tige de ces orchidées terrestres, ce botaniste de l'Antiquité dotera la plus vaste famille du monde végétal d'un nom viril.

Plutôt étrange pour une plante dont la fleur exquise évoque avant tout la féminité.

Ophrys scolopax

Dessine-moi... une fleur

Une chose est sûre : la fleur d'une orchidée ne laisse personne indifférent. Il y a les admirateurs inconditionnels, dont la flamme passionnées se consume dans des collections extraordinaires. D'autres font de petits arrangements dans leurs jardins, sous un arbre, plantés sur quelques bouts de « fanjan ». Et il y a les sceptiques, mal à l'aise face à l'extravagance, l'opulence des fleurs : « Trop belles pour être vraies ».

L'orchidée reste impassible devant ces sentiments parfaitement humains. Elle n'a pas fait tout ce long chemin de l'évolution, pour nous plaire ou nous déplaire. Attirer les pollinisateurs en vue de sa fécondation est sa seule raison d'être. Et là, objectivement, elle s'est surpassée.

Difficile de trouver une autre famille du règne végétal, dont les fleurs font preuve d'une telle diversité. Etroitement liées à leurs pollinisateurs, souvent exclusifs, elles disposent de quatre leurres pour les attirer : la couleur, la forme, l'odeur et le nectar - la récompense. Pour le plus grand plaisir de leurs afficionados, une grande majorité opte pour un envoûtement visuel : du rouge mystérieux et profond des *Masdevallia* d'Amérique du Sud, au bleu des *Vanda* d'Asie, du vert translucide des *Aeranthes* de Madagascar et de la Réunion au jaune soleil des *Oncidium* amazoniens, c'est l'arc-en-ciel qui rayonne à travers ces fleurs.

Associée aux couleurs, la silhouette de la fleur joue un rôle principal dans la pièce « Comment séduire mon partenaire ».

A l'affiche cette semaine : l'*Ophrys* d'Europe et une abeille. Ne l'appelons pas Maya mais Willy, puisque c'est un mâle.

Acte I. Le jour se lève sur le versant sud d'une colline provençale. C'est le printemps et il fait déjà passablement chaud, assez pour le bouton de cette petite orchidée qui s'ouvre à l'instant, se découvrant imperceptiblement en laissant apparaître une bien étrange fleur.

Acte II. A quelques centaines de mètres de la colline, une abeille – un beau mâle – rôde dans les parages. Ce ne sont ni le pollen, ni le nectar des fleurs qui l'intéressent. Il cherche son âme sœur, sa dulcinée. Mais il est tôt dans l'année et les femelles sont encore à la ruche. Et ça, Willy l'ignore.

Pourtant, il y a ce parfum troublant dans l'air, à peine perceptible mais présent, excitant à en perdre la raison. Une odeur précise émane en effet de la fleur d'*Ophrys*, lorsqu'elle s'ouvre. C'est la copie conforme des phéromones émis par les femelles de l'espèce dont Willy fait partie. Des effluves d'amour.

Acte III. En zigzagant dans l'air pour ne pas perdre la piste précieuse, Willy s'est sensiblement approché de la colline. L'odeur, forte à présent, devient irrésistible. Elle n'est pas loin, Willy le « sent ».

Acte IV. La matinée bien entamée, la fleur d'*Ophrys*, maintenant entièrement déployée, expose son labelle – la piste d'atterrissage. De loin, elle fait penser à un insecte posé sur une fleur, à une abeille qui butine. C'est en tout cas suffisamment ressemblant pour tromper la vue approximative de Willy.

A l'image du visage humain, les orchidées sont symétriques sur un plan vertical. On parle alors d'une fleur zygomorphe.

Apparente chez *Graphorkis concolor* var. *alphabetica* (p. 110), la colonne porte les pollinies : deux petits paquets de pollen agglutinés, prêts à être expédiés sur le dos d'un insecte-coursier.

Malgré son allure complexe, la structure de la fleur se décompose assez facilement : un sépale dorsale et deux sépales latéraux constituent la moitié de cette *Cattleya* hybride.

Trois pétales complètent le dessin schématique d'une orchidée. Le labelle est en fait un simple pétale fantaisiste converti en piste d'atterissage afin d'accueillir les pollinisateurs.

Daphnis nerii, le sphinx du laurier rose est un candidat sérieux pour polliniser *Jumellea recurva* à droite (taille x 2,5). Entièrement déroulée, la trompe du papillon nocturne atteint sans peine le nectar conservé au fond de l'éperon de la fleur.

Acte V. Saoûlé par les émanations, il s'approche d'un vol oscillant. Certes, l'image de son amoureuse est fractionnée par les centaines de facettes de son champ visuel, mais elle est belle et elle l'attend patiemment sur une fleur ; une fleur un peu bizarre quand même. Enfin, chacun son goût. Willy se pose doucement sur le dos de sa compagne...
Le rideau tombe.

En s'agitant sur le labelle d'*Ophrys*, l'abeille se frotte contre les pollinies adhésives de la colonne, les porte jusqu'à une autre fleur, inlassablement, à la recherche d'une femelle authentique et ainsi de suite.

Pendant sa floraison, l'orchidée n'a pas de concurrentes. Elles ne quitteront la ruche que deux à trois semaines plus tard. D'ici-là, une majorité des *Ophrys* seront fécondées par des abeilles mâles méritantes, mais nullement récompensées, faute de nectar. C'est là le véritable exploit de la fleur, la prouesse de l'évolution.

Chez les *Angraecum* et *Jumellea* réunionnais, la méthode de séduction est diamétralement opposée : leur vie affective se déroule généralement à l'abri de tout regard, la nuit. Leurs fleurs d'un blanc laiteux réfléchissent parfaitement le rayonnement ultraviolet de la lune et des étoiles, invisible pour l'œil humain. En revanche, la plupart des insectes le perçoivent, et en profitent pour s'orienter.

Comme les *Ophrys*, un grand nombre d'*Angraecum* libèrent un puissant parfum pour attirer les divers pollinisateurs, surtout les papillons de nuit. Cette fois-ci, leur effort ne sera pas vain. Le dédommagement se verse sous la forme d'un délicieux nectar contenu dans un tuyau plus ou moins long : l'éperon. En déroulant sa trompe jusqu'au fond du tube prometteur, le papillon charge les pollinies sur son dos et les transporte jusqu'à la prochaine fleur.

Citons également les colibris, se délectant du nectar, les mouches attirées par l'odeur de putréfaction que dégagent certains *Bulbophyllum* et *Cirrhopetalum* ou des fourmis naines habitant fleurs et plantes, en parfaite symbiose.

La liaison entre l'orchidée et son pollinisateur est fragile, autant qu'indissociable et si complexe qu'à ce jour, un grand nombre d'alliances sont encore méconnues.

Grâce à l'odeur légèrement fétide qu'elle dégage, l'étrange fleur de *Cirrhopetalum umbellatum* (page 90) attire surtout des mouches comme pollinisateur.

Jumellea recurva

Sur leurs périples dévastateurs, les cyclones parcourent des milliers de kilomètres. Dans leur bagage, ils véhiculent toutes sortes de débris végétaux, mais aussi de minuscules graines d'orchidées. En 2002, l'oeil de « Dina » passa à 80 km de nos côtes. Sur cette image satellite de Meteo France, dont le radar de La Montagne était balayé à l'occasion par des vents de 270 km/h, on perçoit à la périphérie du tourbillon les « bras » extérieurs traversant Madagascar, Réunion et Maurice.

© Meteo France

Le fruit de la passion

Finis les jours fastes, les nuits torrides, chargées de parfums et de secrets. La fécondation de la fleur met un terme à sa brillante carrière. Son déclin est fulgurant : pas le temps de gaspiller l'énergie essentielle à la gestation qui va suivre. A peine quelques heures après la visite d'un pollinisateur, les sépales et pétales flétrissent. Deux jours plus tard, une dilatation perceptible à la base de la fleur annonce la fructification.

Ces capsules à l'allure filiforme, ovales ou rondelettes, parfois lourdes et disproportionnées, n'ont rien de la grâce innée des fleurs. L'objectif est simple : avant tout, protéger les graines jusqu'à leur maturité, qui peut intervenir au bout de quelques semaines ou prendre jusqu'à deux années, selon l'espèce !

La graineterie universelle grouille de semences de toutes tailles, formes et couleurs : spores, pépins et graines — poilus ou glabres, nus ou enveloppés d'une succulente chair comestible — ne songent qu'à… voyager. Pour coloniser les territoires voisins aussi bien que les régions les plus reculées de la planète, la progéniture végétale dispose généralement de trois moyens de locomotion.

Le premier, et c'est le choix de la plupart des fruits comestibles, consiste à emprunter l'estomac de rongeurs, oiseaux et autres singes.

Le deuxième est réservé aux capsules les plus résistantes dont les graines partent en croisière à l'abri dans leurs coques. Arrivées à bon port, elles confient leur précieuse cargaison aux aléas du nouveau monde.

Enfin, d'autres planent, rêvent de pays lointains. Pour voler, il n'y a que deux solutions : inventer un engin comme les hélicoptères d'érables, les parapentes de pissenlits, ou se faire tout petit et très, très léger. Question taille, les graines d'orchidées font partie du microcosme du règne végétal et leur poids se mesure non pas en milli- mais en microgramme (1/1000 d'un milligramme).

Elles adorent le tourisme de masse. Enfin mûre, la capsule se fend et libère les centaines de milliers, voire les millions de graines qu'elle contient : un nuage de poussière qui tourbillonne au gré du vent. Ainsi, grâce à Eole, les orchidées ont traversé l'océan Indien, arrivant en nombre de Madagascar et même d'Asie, pour s'installer définitivement à la Réunion et écrire une nouvelle page de l'évolution.

Malgré leurs qualités manifestes, les orchidées n'ont pas réussi à envahir le monde, à devenir en quelque sorte une peste végétale naturelle. Rassurez-vous, aucun danger. Sans être humain, pas de pestes. Des plantes comme la vigne marronne, les fuchsias et autres goyaviers, tous considérés comme nuisibles à l'environnement naturel réunionnais, ont été sans exception introduits par l'homme dans le passé. Or, dans leur pays d'origine, elles ne peuvent devenir trop encombrantes grâce aux divers parasites et prédateurs indigènes, évidemment absents sur notre île.

Alors, pour brider l'expansion de l'orchidée, la nature a inventé un frein mordant : contrairement au pépin de la pomme, la graine d'orchidée est quasiment dépourvue de matière nutritive qui pourrait assurer sa germination et sa survie dans un premier temps.

Echouée sur une branche d'arbre, elle dépend impérativement de la présence d'une autre plante : un champignon. Il va secourir la future orchidée en pénétrant la graine pour l'alimenter dans ses débuts en eau et sels minéraux. Prodigieuse innovation.

Sans champignon, pas d'orchidée. Ce qui maintient l'équilibre naturel, et explique les difficultés de sa multiplication artificielle.

Avant la découverte de l'interaction entre orchidée et champignon au début du XXe siècle par Noël Bernard, il était impossible d'obtenir des plantes par semence. La division des pseudobulbes ou des ramifications de tiges donna quelques résultats, cependant largement insuffisants pour satisfaire une demande qui deviendra furieuse dès le milieu du XIXe siècle.

A la recherche de l'orchidée rare pour dorer le blason de leurs collections, jardins botaniques et amateurs fortunés se livrèrent jusque-là inconnu : chasseur d'orchidées. Un gagne-pain pour des hommes sans états d'âme.

Empilées dans des caisses en bois, des centaines de milliers de plantes, en majorité mortes, arrivèrent en bateau d'Amérique du Sud, d'Afrique et d'Asie pour alimenter le marché. Un cataclysme, illustré par l'exemple tragique de *Cattleya trianae*. Cette orchidée emblématique du Colombie, probablement disparue des sites naturels, se trouve aujourd'hui exclusivement dans des collections privées et publiques. Heureusement, ces temps sont révolus.

Depuis la découverte de la germination *in vitro* et du clonage, des millions d'orchidées naissent chaque année dans des serres chauffées, élevées dans des bocaux et plongées dans une sorte de gelée stérile. Une manne pour les horticulteurs, un espoir pour de nombreuses espèces en voie d'extinction.

Avec l'aide des technologies modernes et la volonté des passionnés, la réintroduction en milieu naturel ne reste plus un simple rêve.

Bois de couleurs, orchidées péi

Malgré le développement intense de l'industrie de la canne à sucre et une vive croissance démographique ces dernières décennies, la Réunion a conservé une partie de sa diversité botanique d'antan.

C'est en fait son relief particulier, qui impose sa loi à l'urbanisation, comme à la construction de routes et au défrichage.

Accidentée, l'île offre des paysages incroyablement variés, qui s'étalent sur 2512 km2 d'un territoire souvent inaccessible. Conséquence manifeste de son activité volcanique incessante. Emergés de l'océan il y a trois millions d'années, ses deux volcans — le Piton des Neiges (3069 m), éteint depuis environ 30 000 ans et le très actif Piton de la Fournaise (2631 m) — ont sculpté son visage escarpé.

Sur l'île sœur, son aînée d'environ cinq millions d'années, l'érosion a déjà bien entamé son travail de lissage, lui donnant une silhouette allégée, de laquelle s'élève le Piton de la Petite Rivière Noire (828 m).

Désarmée face aux assauts répétés de l'homme, l'île Maurice n'a pu sauvegarder que 2 % de ses forêts primaires, survivantes miraculeuses de la conquête de la canne à sucre.

A la Réunion, ces forêts de bois de couleurs se distinguent parfaitement selon la région et l'altitude de leurs habitats. Recouvrant l'intérieur et les zones côtières, la forêt humide de moyenne et haute altitude (800 - 2 000 mètres) se porte à peu près bien, accueillant la grande majorité des orchidées recensées ; en dessous, la situation est préoccupante.

Les forêts humides de basse altitude rescapées ont trouvé refuge dans l'extrême sud-est et sud de l'île. Conscient de l'enjeu, l'Office National des Forêts (ONF) a engagé il y a vingt ans un projet de reboisement en bois de couleurs, notamment dans la réserve naturelle de Mare-Longue à Saint Philippe.

Un effort qui porte à présent ses fruits si on en juge par le comportement de l'orchidée-pionnier : dorénavant, les *Bulbophyllum* (page 71) colonisent par centaines les jeunes arbres, signe d'une régénération encore prudente et fragile de cette sublime forêt primaire qui couvrait toute la côte au vent de Saint Suzanne jusqu'à Saint Pierre.

Quant aux forêts semi-sèches de basse altitude, les signes sont, en revanche, désespérants. Ces bois occupaient jadis tous les versants du Nord-Ouest, Ouest et Sud-Ouest entre 200 et 800 mètres d'altitude, bénéficiant d'un milieu plus sec et d'un ensoleillement intense.

Aujourd'hui, quelques parcelles de forêt, dispersées entre La Montagne et La Possession au Nord, et plus à l'écart à l'intérieur de l'île, résistent encore à leur dégradation.

C'est entre 400 et 800 mètres que l'on retrouve les ultimes sanctuaires de quelques plantes grasses endémiques comme le mazambron marron (*Lomatophyllum macrum*), mais également des orchidées qui dépendent du micro-climat qui y règne : avant tout *Oeoniella polystachya* (page 126), probablement disparue, et *Solenangis aphylla* (page 142), trouvée seulement à quelques exemplaires.

En examinant de plus près les environs des sites intacts, les menaces se font pressantes. Les versants les plus secs, orientés vers le Nord-Est et le Nord, sont truffés d'une

Forêt humide de basse altitude

plante vorace en espace et en lumière : le choca vert (*Furcraea foetida*). Après un feu, ces agaves géantes originaires d'Amérique centrale envahissent les espaces dévastés, ne laissant aucune chance aux plantes indigènes de retrouver leur place légitime.

Sur les pentes ouest et en aval dans les ravines davantage humides, le feuillage excessivement dense des jamrosats (*Sygyzium jambos*) condamne d'entrée toute colonisation de leurs troncs et du sous-bois funeste.

Mais il y a pire. Car là, où elle passe, plus rien ne pousse : l'ennemi juré de tous les botanistes, amoureux de la nature et agents de l'ONF, c'est la vigne marronne. De croissance ultrarapide, coriace, cette peste végétale par excellence a résisté avec succès aux différentes tentatives d'éradication.

A l'heure qu'il est, nul ne sait comment s'en débarrasser.

La forêt semi-sèche est en détresse et son cri d'alarme l'expression du danger qui pèse sur l'écosystème tout entier. Préserver nos forêts primaires, c'est sauvegarder nos orchidées.

Les bois de couleurs constituent leur maison et les rapports entre hôte et locataire sont familiers, intimes pour certaines espèces comme *Bulbophyllum variegatum* (page 82) bâtissant des vastes colonies exclusivement sur les bois de remparts (*Agauria salicifolia*), ou encore *Aerangis sp.* (page 29) qui favorise les sommets des jeunes bois maigres (*Nuxia verticillata*).

C'est d'ailleurs l'arbre de choix pour de nombreux épiphytes qui apprécient particulièrement la qualité de son écorce, raisonnablement ferme, mais poreuse. Tout en assurant la stabilité de l'orchidée, elle l'approvisionne également en eau grâce à sa surface perméable comme une éponge. Les bois maigres séculaires plantent le décor pour des spectacles enchanteurs. Des centaines d'orchidées se rassemblent sur leurs cimes spacieuses, dégringolant les troncs jusqu'à effleurer le sol. Sur un seul spécimen de la forêt de Bélouve, on a pu observer une bonne dizaine d'espèces différentes. *Jumellea fragrans* (page 117) l'illustre faham était là, ainsi que *Angraecum bracteosum* (page 43), *A. striatum* (page 59), *Beclardia macrostachya* (page 63), deux espèces de *Bulbophyllum* et d'autres encore, se partageant équitablement et selon leurs préférences, l'arbre de prédilection, à l'image de l'île en générale.

72 km de long, 51 km de large. Telles sont ses humbles mensurations. Autant dire que face à Madagascar, elle ne fait pas le poids. Pourtant, la richesse de sa flore s'exprime à travers la diversité de ses orchidées.

Proportionnellement au kilomètre carré, la Réunion fait même jeu égal avec la Grande Ile puisqu'elle compte environ cent vingt espèces, réparties en une trentaine de genres qui s'exposent à des conditions aussi variées qu'extrêmes, légitimant son surnom de « l'île aux 100 micro-climats ».

Entre *Satyrium amoenum* (page 141), habitant des hautes plaines lunaires limitrophes du volcan, et l'aérée *Aeranthes arachnites* (page 30) des forêts chaudes et humides des bas, chaque espèce a trouvé sa place. La plupart a de la famille dans l'océan Indien : de proches cousines comoriennes ou des frères jumeaux malgaches, qui témoignent d'un lointain passé commun. Environ 20 % d'entre elles n'ont en revanche pas d'ancêtres apparents. Elles sont endémiques de la Réunion.

Certaines espèces ont disparu des autres îles, d'autres ont évolué au gré des variations géologiques et climatiques, générant des *species* à part, bien distinctes de leurs ascendants. Peu importent les raisons de leur endémisme, ce sont des orchidées uniques au monde, précieuses et fragiles, destinées à une vie solitaire sur notre île.

C'est l'héritage que nous lègue la nature.

Forêt semi-sèche du Nord

L'héritage

Aerangis
sp.

A la fin du cycle de croissance, la teinte du feuillage répond à l'orange lumineux de la fructification.

1/1

Orpheline sans nom

Petite orchidée, belle plante, solitaire, cherche parrain botaniste pour dénomination et plus si affinités. Expérience et imagination exigées. Depuis sa découverte dans les années 90, le seul représentant réunionnais du genre *Aerangis* demeure sans véritable appellation botanique. Alors, en attendant, l'orchidée devrait se contenter du maigre *sp.* désignant *species* ? Pas si sûr. Un sosie parfait sème le doute. L'*Aerangis punctata* malgache lui ressemble à un tel point qu'une étude scientifique s'impose afin de séparer ou de réunir les deux espèces. A la Réunion, le cirque de Salazie abrite l'unique station actuellement connue, et c'est aujourd'hui sur une superficie d'un hectare seulement que le destin de l'orchidée se joue. Trois facteurs majeurs sont responsables de sa disparition accélérée : sa fâcheuse tendance à pousser sur des brindilles ridicules l'expose au moindre vent violent, sans parler de cyclones. Epiphyte, *Aerangis sp.* privilégie les jeunes bois maigres (*Nuxia verticillata*). Or son habitat s'avère totalement envahi par une peste végétale redoutable : le goyavier ; si on ajoute la cueillette évidemment illégale, on comprend mieux comment une population d'environ cinquante plantes en 2001 se trouve en 2004 quasiment anéantie. L'enjeu est simple, la tâche d'autant plus rude : le patrimoine botanique réunionnais pourrait bien en être orphelin si rien est fait pour sauver cette ravissante orchidée.

Grâce à la taille minuscule de ses deux feuilles en tenue de combat, *Aerangis sp.* sait se faire très discrète.

2/1

2/1

A partir de mi-février commence la courte période de floraison. Jusqu'à la fin mars, une fleur par plante, subtilement parfumée enchante les divers pollinisateurs, les incitant à goûter au nectar, stocké dans son éperon de 10 cm.

Aeranthes
arachnites

L'araignée sans toile

Une des toutes premières orchidées malgaches à avoir vu le Vieux continent, en occurrence l'Angleterre, était vraisemblablement *Aeranthes grandiflora*, voisine de notre *Aeranthes arachnites* réunionnaise. Si on regarde les quelques quarante espèces recensées, pour la plupart originaires de Madagascar, on se rend compte que les fleurs opalescentes, désinvoltes, sont le trait d'union du genre : ces lampions chinois sont suspendus au bout d'une hampe flexible qui les maintient en état d'apesanteur, ce que traduit laconiquement son appellation botanique (du grec *aer* — air, *anthes* — fleur). Quant à *arachnites*, les botanistes n'avaient pas à chercher très loin pour baptiser l'espèce. Rythmé par le vent, le va-et-vient hypnotique d'araignées exsangues annonce dès janvier une floraison qui s'étalera sur plusieurs mois. Bien présente en forêt humide de basse altitude, l'orchidée s'échappe le long des arbres, maintenue par ses nombreuses racines fines, à mi-chemin entre sol et cimes. En revanche, dans les derniers vestiges de forêt semi-sèche au nord de l'île, *Aeranthes arachnites* s'expose davantage au soleil et au vent, en s'installant sur les promontoires arides des parois rocheuses. Ici, elle gravit parfois la barre des 800 mètres, altitude exceptionnelle pour l'orchidée-araignée qui se sent plus à l'aise entre 200 et 600 mètres.

Vue de profil, la plante aussi adopte l'allure d'une araignée. Au fil des années, floraison après floraison, ce superbe spécimen porte fièrement l'écusson de son espèce : d'innombrables hampes florales desséchées.

Aeranthes strangulata

Pacifique paresseuse

Contrairement à ce que son patronyme funeste insinue, *Aeranthes strangulata* ne fera pas de mal à une mouche. Innocente mais pas insipide, la plante se distingue nettement de *Aeranthes arachnites* par une silhouette allégée, de sombres feuilles effilées et l'affection exclusive qu'elle porte à son environnement. Seul le micro-climat des forêts semi-sèches du Nord et du Sud-Ouest reçoit son approbation et explique sa rareté. D'autre part, elle est extrêmement flemmarde, ce qui n'arrange pas ses affaires non plus. Une croissance lente (une feuille par an) et une maturité tardive freinent sensiblement son expansion. Malgré son apparence fragile, cette orchidée résiste bien aux aléas et se montre suffisamment endurante pour monter jusqu'à 1 200 mètres d'altitude. Peu propice à la vie en épiphyte, l'endémique *Aeranthes strangulata* côtoie les grands rochers, en amas ou isolés, à l'ombre de préférence, et revêtus d'un tapis de mousse et de feuilles mortes. La floraison spécifique des *Aeranthes* génère des fleurs quasi incolores et cristallines. Elle débute en décembre et se poursuit jusqu'en mai.

Image insolite de la hampe florale, présentant trois boutons prêts à éclore collectivement. D'habitude, elle porte une seule fleur à la fois.

Grâce à sa mine chétive, plantée là en solitaire, *Aeranthes strangulata* passe le plus souvent inaperçue. Ses feuilles sont pliées et fermement étranglées à la base, d'où son nom botanique.

La fructification est aussi discrète que l'aspect général de la plante et s'accorde aux teintes vert-bleuâtre.

Les Angraecum

Votre majesté

Décrit pour la première fois par Bory de Saint Vincent en 1804, le genre *Angraecum* hérita son nom du terme malais « angurek », désignant les orchidées épiphytes semblables aux *Vanda*. Avec environ 130 espèces répertoriées, Madagascar se taille la plus grande part du gâteau. Afrique, Comores, Seychelles et Mascareignes se partagent les 70 espèces restantes, mais ce recensement quelque peu schématique, inévitablement provisoire, se voit révisé chaque année à la hausse. Même à la Réunion, sur une superficie pourtant relativement réduite, de nouveaux membres du club aristocratique *Angraecum* sont régulièrement identifiés, affiliés sous le nom de *sp*. Une bonne trentaine d'espèces officielles sont réparties sur tous les secteurs de l'île, ce qui en fait le genre le mieux représenté. A défaut de couleurs pétillantes, les fleurs généralement ■ ■ ■

Gauche :

Peu exigeant concernant son habitat, le robuste *Angraecum mauritianum* se rencontre aussi bien en forêt semi-sèche qu'en forêt humide, entre 300 et 1 200 m d'altitude. Au nord de l'île, l'orchidée s'installe de préférence sur les parois verticales des rochers, en formation serrée. Davantage clairsemés, les individus des colonies du Sud sauvage se répandent sur les troncs d'arbres et même au ras du sol en dressant leurs tiges souples vers la lumière.

Droite :

D'habitude plus étroit, le labelle de cette fleur de 35 mm de diamètre est particulièrement développé. Presque trois fois plus long qu'elle, l'éperon verdâtre de *Angraecum mauritianum* bifurque vers l'arrière en défiant la gravité. La floraison entre février et avril surprend quelquefois par sa synchronisation. Egalement présente à Madagascar et Maurice (d'où son nom botanique), cette orchidée est encore commune à la Réunion.

1/1

Le monde des *Angraecum* fourmille de plantes de toutes tailles, formes et notoriétés : prodigieuses et minuscules, légendaires, mystérieuses ou ignorées. L'entrevue avec *Angraecum pectinatum* est une histoire de cœur, simplement. D'entrée, on est ému par sa taille réduite et la vulnérabilité apparente de l'orchidée. Amarée aux arbres des forêts humides, elle vous donne rendez-vous entre 0 et 1 000 m d'altitude. Selon la région, ses petites fleurs veloutées se dévoilent de décembre à juin.

Les Angraecum

■ ■ ■ blafardes et cireuses des *Angraecum* ont d'autres atouts pour séduire les pollinisateurs. D'abord attirés par leurs parfums plus ou moins prononcés, ils seront ensuite récompensés de leur effort par le délicieux nectar contenu dans l'éperon, dont la taille varie selon l'espèce entre 3 mm et 40 cm ! Mais comment raconter les *Angraecum* sans rappeler un des plus fameux chapitres de l'histoire botanique, dans lequel, justement, un éperon tient le rôle principal. Tout commence en 1859. Un scientifique anglais quinquagénaire renonce définitivement à l'anonymat et à une paisible carrière de naturaliste en publiant sa thèse sur l'évolution, intitulée « De l'origine des espèces... » L'œuvre, tirée à 1 250 exemplaires est vendue le soir-même de sa sortie. Du jour au lendemain, Charles Robert Darwin devient célèbre et illico presto la cible privilégiée de certains ■ ■ ■

De taille moyenne, *Angraecum cadetii* s'apparente à *A. striatum* et *A. bracteosum* par son port général et ses feuilles. Descendant exceptionnellement à 300 m, elle apprécie les forêts humides, poussant en épiphyte jusqu'à 1 200 m d'altitude. A l'inverse de ses proches cousins, *Angraecum cadetii* fleurit dès son plus jeune âge, en supportant le poids de ses fructifications replètes.

Angraecum caulescens fait partie des nombreuses espèces d'*Angraecum*, portant des petites fleurs pâles, verdâtres. Leur transparence permet toutefois un regard impudique sur le nectar, conservé dans leurs éperons de 5 mm.

Longtemps confondu avec *Angraecum bracteosum*, c'est Jean Bosser, spécialiste des orchidées malgaches et des Mascareignes, qui a nommé *Angraecum cadetii* en mémoire du botaniste réunionnais Thérésien Cadet. Entre janvier et avril, l'orchidée se distingue clairement par ses fleurs charnues, peu nombreuses, érigées sur de courtes hampes florales. Assez rare à la Réunion, elle est très menacée à Maurice. Au dernier recensement, treize plantes ont pu être inventoriées.

Les Angraecum

■ ■ ■ collègues, de la bourgeoisie et bien sûr de l'Eglise. L'homme, manifestation suprême de la création, descendant du singe, est un concept osé pour l'époque, inconcevable à tel point qu'il nourrit la cacophonie pendant des décennies. Contre vents et marées de haine, d'attaques et de moqueries, Charles Darwin persiste et signe. En 1862, il récidive en appliquant sa théorie à une orchidée malgache, rencontrée auparavant. La fleur impressionnante de *Angraecum sesquipedale* présente, avec environ 30 cm, l'un des plus longs éperons connus. Aujourd'hui, l'évidence de l'hypothèse de Darwin paraît limpide : une orchidée, équipée d'un tel éperon sera nécessairement fécondée par un pollinisateur doté d'une trompe conforme, capable d'atteindre le nectar. Darwin opta pour un papillon de nuit géant et déclencha aussitôt une nouvelle polémique. Un papillon avec une trompe de 30 cm, on aura tout vu !
Et ils verront en 1903. Quarante-et-une années après sa prédiction, ce papillon sera découvert dans les forêts impénétrables de Madagascar. Malheureusement trop tard pour Darwin, qui meurt en 1882 à l'âge de 73 ans. A présent, on sait que *Xanthopan morgani praedicta* (du lat.: prédire), baptisé ainsi en honneur de son inventeur lucide, est l'unique pollinisateur de *Angraecum sesquipedale*. Une liaison étroite qui s'avère fatale, cent ans après sa découverte. Conséquence directe de la déforestation, la raréfaction progressive de l'arbre-hôte exclusif de la chenille, concerne tout autant l'orchidée. ■ ■ ■

Perché sur son arbre, *Angraecum cucullatum* observe les passants d'en haut. Perspective habituelle pour une orchidée qui vit en nombre, les individus se disputant jusqu'au moindre recoin des branches la surface limitée de l'écorce. De novembre à janvier des centaines de fleurettes (20 -25 mm) décorent les arbres des forêts humides de moyenne altitude. Une symphonie de petites étoiles opalines.

La floraison de *Angraecum borbonicum* en décembre et janvier se révèle frustrante. En majorité fécondée avant l'éclosion, il est extrêmement rare de rencontrer ses fleurs blanches pleinement épanouies.

Les Angraecum

■ ■ ■ De moins en moins fécondées, ses fleurs sont incapables d'engendrer suffisamment de fructifications pour assurer sa pérennité. *Xanthopan morgani praedicta* disparaîtra avec l'arbre dont il dépend. Comme *Angraecum sesquipedale* à son tour. Logique implacable.
En 1991, Gene Kritsky, entomologiste américain, relance le débat, entamé par son illustre précurseur. Il prédit un papillon encore plus grand, pourvu d'une trompe de 40 cm, répondant à l'éperon d'une autre espèce malgache, proche de notre « ti comète » (page 47). Son nom charmant : *Angraecum eburneum superbum var. longicalcar*. De nos jours, son pollinisateur virtuel reste introuvable. L'observation et la déduction sont les principes de cette jeune science qui prédit l'existence d'animaux encore inconnus et qui porte un nom énigmatique : la cryptozoologie.

Gauche :

Tantôt écarté, tantôt entassé sur une branche étroite, *Angraecum borbonicum* aime la compagnie de ses proches. Entre 700 et 2 000 m d'altitude, l'orchidée, probablement endémique, est abondante en forêt humide, simplement reconnaissable à sa silhouette particulière et à ses feuilles rigides.

Droite :

Angraecum ramosum est une plante tolérante, commune en forêt humide. Insensible aux températures des diverses altitudes (0 - 1 500 m), elle enrobe les troncs d'arbres avec ses ramifications éparpillées. C'est un des rares *Angraecum* affichant des couleurs pendant sa floraison entre février et avril. En fanant, les fleurs (25 mm) développent des teintes ambrées, qu'elles parviennent à maintenir durant quelques jours.

Angraecum
bracteosum

Défilé en tenue blanche

Dans la catégorie « Super Lourd », trois athlètes montent sur le ring, luttant pour les places du podium. *Angraecum eburneum* semble hors de portée. Mais entre *Angraecum striatum* et *Angraecum bracteosum*, ça bataille ferme. En vérité, c'est une affaire de famille. Les deux espèces sont si proches que des hybrides spontanés ont été découverts récemment. Pendant leur jeunesse, la confusion est quasi-totale. Même allure, mêmes feuilles juvéniles jaunâtres, légèrement striées… La distinction incontestable reste pour le moins problématique. Seule l'altitude apporte quelques précisions : entre 700 et 1 500 mètres, les deux orchidées partagent un goût prononcé pour les arbres des forêts humides et ombragées. Au-delà, *Angraecum striatum* prend le dessus. Quant à la floraison, qui a lieu en principe entre février et mai, le prix de beauté revient à *Angraecum bracteosum*. Rarement plus nombreuses, une à quatre courtes hampes florales émergent à la base des feuilles âgées, submergées d'innocentes fleurs en robe de mariage soyeuse.

Droite:

l'explication de son appellation botanique : des bractées enveloppent le pédoncule et la base des fleurs.

Dessous :

à défaut d'une pollinisation réussie, la majorité des fleurs fanent après une dizaine de jours. Modeste bilan d'une floraison achevée : deux fructifications.

L'endémique *Angraecum bracteosum* est commun par endroits et se rencontre dans tous les secteurs convenablement arrosés. A l'âge adulte, l'orchidée prend de l'ampleur ; les feuilles vert foncé, plus élancées que celles de *Angraecum striatum* atteignent 50 cm et davantage.

Angraecum
cornigerum

Tordue, cornue, biscornue

En localisant cette plante spartiate pour la première fois, le plus souvent par hasard, l'incertitude règne. Dépourvue de fleurs et de fructifications, elle ne s'accommode guère au schéma « orchidée » habituel. Ses quelques feuilles pliées, effilées, d'un gris-bleuâtre, légèrement rugueuses et raides font vaguement penser à *Tillandsia*, une broméliacée d'Amérique du Sud, qui s'intègre avec une facilité déconcertante dans nos jardins en croissant sur n'importe quel support. *Angraecum cornigerum* se montre infiniment plus exigeant. Rare, endémique de la Réunion, il n'accepte que deux arbres des forêts humides comme bailleurs : *Nuxia verticillata*, le bois maigre et, moins fréquenté, le branle vert des hauts, *Philippia montana*. Grâce à sa famélique structure, l'orchidée se fond naturellement dans le paysage des trois cirques de Salazie, Cilaos et Mafate en gravissant les parois jusqu'à 1 700 mètres d'altitude. Les mois de décembre et janvier font douter tous ceux qui croient à une corrélation entre le gabarit et la floraison d'une orchidée. On dirait qu'elle ménage ses forces pour l'unique fleur de l'année. Le résultat lui donne entièrement raison.

2/1

Subtile, éthérée comme une composition d'ikebana, l'orchidée est plus robuste qu'elle veut le faire croire. En revanche, gare aux perturbations au début de sa floraison. Hypersensible, elle est capable de laisser tomber le bouton encore fermé.

Angraecum
eburneum

Ti comète

Angraecum eburneum est l'orchidée de tous les superlatifs. D'une robustesse exemplaire, tout en conservant l'élégance orgueilleuse d'un des plus grands *Angraecum* du monde, elle est principalement accueillie par les îles de l'océan Indien occidental : Seychelles, Comores, Maurice où elle est menacée, Réunion et bien sûr Madagascar. L'apparence de la fleur varie subtilement suivant sa provenance. Assez quoi qu'il en soit pour avoir invité les botanistes à créer des espèces différentes. L'*Angraecum superbum* malgache par exemple, dont la rumeur témoigne d'une existence obscure à la Réunion, se distingue par un labelle plus carré que son frère, mais reste tout de même si proche qu'on les confond facilement. Concentré aux antipodes, *Angraecum eburneum* mène une double vie sur notre île. Dans les forêts semi-sèches du Nord, l'orchidée se contente d'une existence austère, ancrée sur un rocher dépouillé ou même au ras du sol, dressée en pseudo-terrestre sur une charpente d'inébranlables racines. A près de 800 mètres d'altitude, les crêtes quasi-désertiques, dénu-dées par la virulence du soleil et du vent, ne l'effraient pas. Certes, la plante fait grise mine, ou plutôt jaune pâle, cependant elle par-vient à une floraison prudente, mais digne. On peut dire ce qu'on veut, elle a du cran. A l'ombre salvatrice des arbres, *Angraecum eburneum* révèle sa vraie nature, ses capacités phénoménales de croissance : toujours près du sol, exploitant la faible humidité ambiante, l'orchidée impres-sionne par son ■ ■ ■

1/1

Angraecum
eburneum

■■■ déploiement majestueux, lève de véritables édifices, constitués d'un tronc épais et de nombreuses feuilles charnues et brillantes. Après les forêts du Nord, changement de décor. Regagnons une des dernières forêts humides et chaudes de basse altitude (moins de 600 mètres) dans le sud de la Réunion. L'atmosphère est confinée, l'air chargé d'humidité après une courte pluie. De minces filets de brume s'élèvent d'un sol détrempé, chauffé à présent par les rayons de soleil, transperçant la canopée des arbres centenaires, 30 mètres au-dessus. Pas un seul *Angraecum eburneum* en vue. Ici, la plante délaisse les rochers, d'ailleurs entièrement enduits d'une épaisse couche de mousse gorgée d'eau, pour gagner les hauteurs à la recherche d'un peu d'air et de beaucoup de lumière. Muni de jumelles, on découvre les colonies étendues dans les larges cimes des arbres, ou sur les branches assez vigoureuses pour héberger une orchidée d'une telle carrure. L'allégorie expressive de son « ti nom gâté » évoque bien sûr les fleurs, « ti comètes », étoiles filantes épinglées sur une hampe florale de 1 m 50 ; l'appellation botanique *eburneum* renvoie à la blancheur ivoire de son labelle cireux. Pour changer, laissez-vous guider par votre nez : entre mai et septembre, l'opulence de la floraison et l'intensité du parfum qui en émane, la trahit de loin. Le panorama des fleurs est à la hauteur de ses fragrances exaltantes. Impérial.

D'apparence inusables, les feuilles épaisses se voient parfois assaillies par un ennemi coriace et persévérant. Des cochenilles noires au bord blanc ne peuvent rien contre une plante en bonne santé, mais épuisent sérieusement la hampe florale.

Photographiées devant un fond typique des forêts semi-sèches du Nord, le vert pétillant des jeunes fructifications contraste avec les teintes chaudes des fleurs fanées. Les quelques cochenilles qui parasitent les capsules n'étaient visiblement pas assez nombreuses pour empêcher la floraison.

La fleur de *Angraecum eburneum* fait son cinéma. Mise en scène accélérée, elle met en temps réel environ deux semaines à virevolter. Le résultat ? Une fleur à l'envers, labelle en haut, sépales et pétales en bas. Seul l'éperon s'aligne de façon habituelle pour ne pas troubler les pollinisateurs.

Angraecum
eburneum

Assis sur un promontoire rocheux au nord de l'île, ce spécimen, car il s'agit bien d'une seule plante, est sans doute le vétéran de son espèce, peut-être même le doyen tout court, le grand manitou de la Réunion. Pour mieux en saisir les dimensions, trompeuses sur une feuille de papier, quelques mesures approximatives : hauteur du pied dominant la scène, un mètre. Longueurs du tronc et des hampes florales, respectivement trois et deux mètres. Le résultat de décennies de croissance et de lutte.
En 2002, son combat sembla perdu : encore et toujours la bêtise humaine, cette fois-ci sous la forme d'un feu négligé, qui ravagea à 80 % sa colline, peuplée de *Aeranthes arachnites* et *A. strangulata*, de *Cryptopus elatus*, *Polystachia mauritiana* et d'autres *Angraecum*. Un vrai massacre. Notre orchidée se trouvant à la limite des 20 % épargnés, a survécu de justesse.

Il est plutôt rare de découvrir *Angraecum eburneum* à mi-hauteur de tronc. Visiblement, l'orchidée est en forme et le démontre, à l'image d'une belle floraison, néanmoins plus ramassée qu'à terre.

Angraecum
expansum

Souplesse tendue

L'objectif de l'orchidée paraît simple : mettre en un minimum de temps un maximum de distance entre la plante et l'arbre, indispensable rampe pour ses voltiges. Tendue comme un arc, *Angraecum expansum* se précipite à l'horizontale dans le vide, à la quête d'une ventilation optimale. Pendant le passage d'un cyclone, elle n'a pas d'autre recours que de s'appuyer, c'est le mot qui convient, sur ses racines, faisant confiance à la résistance tout en souplesse de la tige. Un système de défense assez performant, dans la mesure où on ne la trouve que rarement cassée, arrachée de son support. Evidemment, une telle épreuve laisse des traces et la plante en émerge un peu sonnée. Rien de bien grave : après une courte période de récupération, elle se redresse vers la lumière en tendant l'arc à nouveau. L'endémique *Angraecum expansum*, le « ti faham » réunionnais (à ne pas confondre avec le vrai faham, *Jumellea fragrans* page 117) habite toutes les forêts humides entre 700 et 2 000 mètres d'altitude en aménageant d'importants ensembles, parsemés de fleurs entre novembre et février. A ne pas manquer.

Avec l'âge, le « ti faham » peut atteindre 40 cm et plus. Son propre poids l'entraine finalement à un angle d'environ 45°, la pointe immuablement tendue vers la lumière. Toutefois, ce jeune pied athlétique supporte ses fructifications pesantes avec aisance.

Comme chez d'autres *Angraecum*, la fleur pivotée de *A. expansum* porte son labelle en chapeau. Le « torticolis », bien visible à la base de la fleur est le résultat de cet effort énigmatique.

Angraecum
germinyanum

Mystérieuse AOC

Connue des orchidophiles du monde entier, cette illustre orchidée, indigène de Madagascar et des Mascareignes, montre un visage étonnamment hétéroclite pour une seule et unique espèce. En feuilletant des livres et des sites Internet, on se voit plongé dans un album de famille débordant de jolies photos, qui s'avèrent peu cohérentes. Selon l'origine, fleur et plante d'*Angraecum germinyanum* changent d'aspect, voire de couleur. Juste un soupçon, mais suffisamment palpable pour intriguer. A elle seule, Madagascar accueille plusieurs variétés de l'orchidée espiègle, dont une ressemble à l'espèce réunionnaise. Même confusion concernant les habitats : sur la Grande île, les stations se situent entre 1 000 et 2 000 mètres, à la Réunion entre 600 et 1 000 mètres d'altitude. Le *Angraecum germinyanum* forme de touffues, de préférence sur les cimes dégarnis, à la recherche de quelques rayons de soleil matinaux. Néanmoins, c'est une inconditionnelle de la pluie et elle en profite principalement le long de la « côte au vent ». Entre janvier et avril, la beauté mythique de ses fleurs, dont les pétales et sépales se tortillent dans tous les sens, compense généreusement le calvaire de la quête d'un chef-d'œuvre rarissime.

nez dans le vent, petites colonies des arbres bien

A l'ombre, ce pied d'*Angraecum germinyanum* s'étire vers la lumière en révélant une silhouette plutôt atypique pour l'espèce.

Déjà fort déroutante, cette orchidée se paye le luxe annexe d'un éperon suprême d'environ 10 cm.

Angraecum
liliodorum

Noble effluve

Emblème des cours royales françaises durant des siècles, le lys, grand seigneur parmi les fleurs, libère un tel parfum qu'il est déconseillé de dormir dans la même pièce au risque de se réveiller avec une « gueule de bois ». Voici une introduction plutôt baroque mais cependant légitime si on considère son patronyme : du latin *lili* – lys et *odorum* – odorant, cohérence impeccable. Du crépuscule au petit matin, les somptueux arômes volatils de lys, émanant de la fleur d'*Angraecum liliodorum*, sillonnent la nuit, à la recherche d'un éventuel pollinisateur. Difficile de définir la véritable période de floraison. Elle débute en décembre, s'étirant pendant quelques mois, mais on a vu des plantes en fleurs braver l'hiver austral en juillet. Ainsi, le hasard fixe les rendez-vous avec ce petit joyau, qui a quasiment disparu des forêts semi-sèches de basse altitude du Nord. Les rares stations du Sud se remettent lentement d'une cueillette abusive. La convalescence de l'endémique *Angraecum liliodorum* sera longue. Elle est l'affaire de tous.

La vie d'une fleur excède rarement une semaine. Irrésistiblement attirés par son odeur, les pollinisateurs, comme certains papillons de nuit, se délectent du nectar dissimulé dans l'éperon élancé. Remarquable pour une fleur si svelte : le pédoncule disproportionné, répond à l'obésité de la fructification.

1/1

Angraecum striatum

Mise en évidence : les fameuses stries, qui ont donné le nom à l'espèce. D'habitude plus petite et plus claire, cette feuille est issue d'une grande plante adulte et mesure approximativement 30 cm.

L'habit ne fait pas le moine…

et l'orchidée pas dans la dentelle, affirmant d'entrée et sans équivoque sa nature : robuste, coriace, baraquée, un peu brute quoi. Ne vous fiez pas aux apparences ! *Angraecum striatum* est loin d'être la bête insensible qu'elle prétend être. Redoutant les rayons trop intenses du soleil, l'orchidée endémique se réfugie dans les forêts denses de moyenne et haute altitude (700 - 1 600 mètres) jouissant d'une hygrométrie élevée et indispensable. Epiphyte, la tête dans les nuages des hauteurs, elle atteint en vieillissant une taille considérable, fermement sanglée grâce à ses racines puissantes qui ceinturent l'arbre-hôte sur plusieurs mètres. Jeune, *Angraecum striatum* se confond aisément avec ses deux homologues *A. bracteosum* (page 43) et *A. cadetii* (page 37). Difficile de trancher, en sachant qu'eux aussi étalent des feuilles striées bien que moins prononcées. La floraison entre janvier et avril efface toute incertitude en laissant quand même un léger arrière-goût d'amertume : la taille des hampes et fleurs est en parfait décalage avec l'allure globale de la plante. C'est évident, dans le monde des orchidées, le gabarit ne peut être le garant d'une floraison adéquate.

Le contraste est saisissant entre les fleurs d'environ 18 mm de diamètre et l'étendue magistrale des feuilles. Prospérant dans un environnement favorable, ce superbe spécimen a mis entre 10 et 20 ans pour atteindre l'envergure de 65 cm.

Arnottia
mauritiana

Tendre Mauricienne

Naturellement présente sur l'île sœur, *Arnottia mauritiana* se rencontre à la Réunion dans toutes les forêts humides de moyenne altitude jusqu'à 1 500 mètres. Préférant un sol léger, des talus moelleux ou les troncs en décomposition, vêtus d'un tapis panaché de mousse et de lichen, cette orchidée terrestre manifestement émancipée, escalade spontanément les arbres, bien vivants cette fois, tentée par la vue imprenable des hauteurs réservée habituellement aux épiphytes. La plante se résigne à un essor limité : une seule feuille par cycle végétatif. C'est peu, mais bien suffisant pour déplier une hampe flexible et résistante de 30 cm maximum, grouillant à son sommet de petites fleurs délicieuses, dès le mois de juillet. L'inventaire des couleurs éditées s'avère copieux : blanc homogène, rose, mauve, violet plus ou moins profond, voire bicolore en alliance avec un blanc immaculé ; *Arnottia mauritiana*, accompagnée par quelques proches cousines de *Cynorkis*, colorie en douceur le paysage un peu terne de l'hiver.

Beclardia
macrostachya

Les étapes diverses de la floraison sont évidentes sur cette hampe florale. L'épanouissement complet de la fleur est plutôt rare, se figeant d'habitude à un stade semi-ouvert.

Harmonie cristalline

Originaire de Madagascar, *Beclardia macrostachya* a su conquerir la Réunion et les Réunionnais. Sa tolérance stoïque envers des températures variables explique sa présence dans toutes les forêts entre 400 et 1 500 mètres d'altitude. Cependant, elle ne fait aucune concession quant à l'humidité ambiante de son habitat. Exclusivement épiphyte, cette orchidée est tributaire d'une forte pluviosité : elle occupe par conséquent le Sud, toute la « côte au vent » de l'Est et les secteurs abondamment arrosés de l'intérieur de l'île. Parfois implantés dans la mousse épaisse des arbres, les vieux sujets développent un système sophistiqué de racines, dégageant une audacieuse image de puissance. La floraison entre décembre et mai corrige en revanche cette impression : gauche, droite, gauche, droite, d'une géométrie obstinée, des fleurs délicieuses se partagent équitablement l'espace d'une hampe florale aérienne. Leur blancheur lumineuse, quasi limpide, donne la touche finale au portrait contrasté de cette élégante espèce.

Signe infaillible de reconnaissance : la croissance excessive des racines. Grâce à elles, ce pied âgé se maintient en parfait équilibre sur une branche cassée par un cyclone.

Contrairement à d'autres orchidées, *Beclardia macrostachya* n'a visiblement pas de problème avec ses divers pollinisateurs. La fructification est régulière, traduisant l'expansion de l'espèce.

Benthamia
latifolia

En l'honneur de Sir Bentham

Les botanistes des premières heures étaient de grands voyageurs, aventuriers involontaires, enfiévrés par la découverte et la classification d'espèces inédites. Georges Bentham n'eut pas cette chance-là. Né en 1800 près de Southampton, il quitta l'Angleterre pour le sud de la France, contraint de gérer le domaine familial. Les paysages chantants de l'arrière-pays de Montpellier s'ouvrirent à lui, et avec eux la végétation méditerranéenne. Ce fut le point de départ d'une passion boulimique. Une exhaustive collection de plantes méridionales posa la première pierre du chantier de sa vie : un inventaire de la flore d'Hongkong et surtout d'Australie (sept tomes en quinze années). Sir Bentham n'a connu le monde qu'à travers ces échantillons, ramenés des colonies britanniques par des « chasseurs de plantes ». En 1854, il offre son herbier, riche de 100 000 espèces, au prestigieux Royal Kew Garden, où le parrain de *Benthamia latifolia* continue ses recherches jusqu'à sa mort en 1884. Commune à la Réunion, cette grande orchidée terrestre s'installe de préférence dans la mousse touffue des talus, en bordure des sentiers entre 800 et 1 500 mètres d'altitude. En profitant de l'humidité des hauteurs, la plante développe entre janvier et juin, au sein de ses larges feuilles, une hampe florale de 40 à 70 cm, affublée d'un grand nombre de petites fleurs d'un jaune verdâtre, peu captivant. L'union fait la force, l'ensemble assure le spectacle.

Comme sa grande sœur, cette *Benthamia nigrescens* adore le fouillis des mousses, particulièrement sur les branches d'arbre des forêts humides de l'île, en partageant la même fourchette d'altitude que *B. latifolia*. L'apparition au printemps de feuilles tendres annonce la renaissance de cette petite espèce géophyte suivie d'une discrète floraison entre mars et mai.

Les feuilles de *Benthamia latifolia* (du latin *lati* – large et *folia* – feuille) sont vigoureuses et lisses. Une bonne averse les agrémente d'un vernis lustré.

Bonniera
appendiculata

Extrêmement vôtre

Est-ce réellement une orchidée ? L'allure inouïe de la plante est si déconcertante... Ses petites feuilles raides, impeccablement enfilées sur la tige rectiligne, lui donnent un air caricatural, trop parfait pour être vrai. C'est pourtant l'aboutissement sublime d'une évolution solitaire. *Bonniera appendiculata* est endémique, une authentique « enfant péi ». Durant des millénaires, cette orchidée, contrainte de s'adapter aux particularités géographiques et météorologiques de la Réunion, s'est radicalement transformée. Distincte de ses ancêtres probablement malgaches, elle constitue à présent une espèce à part entière, isolée du monde. Sa floraison, entre décembre et février, marque l'apogée de son originalité. Inimaginable qu'une telle plante puisse engendrer l'une des plus grandes fleurs parmi les orchidées réunionnaises. Et quelle fleur ! Ses sépales et pétales jaunâtres se déploient somptueusement telles les tentacules d'une pieuvre, pour atteindre 6 à 8 cm de diamètre. Rare, elle se dissimule habilement dans le décor des forêts humides de l'intérieur de l'île entre 1 000 et 2 000 mètres d'altitude, en s'installant de préférence sur les branches horizontales des arbres. Outrancière jusqu'au bout.

L'extravagance des boutons fermés accentue davantage celle de l'espèce en général. Décidément rien n'est fait dans la demi-mesure, ou presque : la fructification de la saison précédente semble tout à fait banale. Ouf !

Impossible à confondre : la silhouette de *Bonniera appendiculata* est inoubliable. Sur une plante bien développée, entre deux et six fleurs surdimensionnées apparaissent successivement en haut de la tige et des ramifications secondaires.

Bonniera
corrugata

La tarentule susceptible

Les éloges fervents ne manquent pas pour décrire cette deuxième espèce réunionnaise du genre *Bonniera*. Restons simple, elle est unique. Evidemment endémique, très rare et furtive, on pourrait même lui reprocher une floraison capricieuse. Mais elle n'y est pour rien : cette orchidée est tout simplement tributaire de facteurs déterminants, assez mal connus à ce jour, pour fleurir aisément. Parmi ceux-ci, le stress subi par la plante pendant un violent cyclone, par exemple, s'avère néfaste. Deux, trois, voire quatre années de convalescence seront nécessaires pour voir apparaître à nouveau ses superbes et inquiétantes fleurs. Cependant, une météo clémente ne garantit pas pour autant une floraison paisible entre décembre et mars. Un hiver un peu trop humide, un printemps qui l'est moins, et c'est parti pour un an d'attente supplémentaire. Tout de même, une certitude demeure : les rares stations dans le Sud et l'intérieur de l'île se situent sans exception au-dessus de 800 mètres d'altitude. Visiblement, *Bonniera corrugata* la susceptible, aime la fraîcheur des hauts et savoure les arrosages copieux, fréquents dans ces lieux.

Quelques jours plus tard, la fleur s'épanouit pleinement. Vue de profil, la ressemblance avec *Bonniera appendiculata* est incontestable.

Cette image est un scoop ! Pouvoir observer sur la même plante, et en même temps, la fructification issue d'une floraison récente et une fleur tardive, relève du miracle.

Les Bulbophyllum

Ti karambol

Décrit et baptisé en 1822 par Du Petit-Thouars dans son œuvre « Histoire particulière des plantes orchidées recueillies sur les trois îles australes d'Afrique, (Ile) de France (Maurice), (Ile) de Bourbon et de Madagascar », le nouveau genre *Bulbophyllum* (du grec *bulbum* – bulbe et *phyllon* – feuille) entra dans les annales botaniques. Aujourd'hui, plus de 2 000 espèces sont répertoriées (Asie, Australie, Océanie, Afrique, Amérique centrale, Amérique du Sud), ce qui fait du genre *Bulbophyllum*, un recordman toutes catégories, conquérant du monde tropical et subtropical. Toutefois, l'absence d'un inventaire cohérent pose un véritable problème de dénomination. Certaines espèces possèdent deux, trois, voire cinq patronymes différents et dans ce contexte, le nombre de variétés distinctes de *Bulbophyllum* diminuera certainement après une révision complète du genre. Selon les prévisions des spécialistes, avancer un nombre entre 1 000 et 1 500 serait plus proche de la réalité. ■ ■ ■

Page de gauche et droite :

Bulbophyllum nutans fait partie des nombreuses petites espèces réunionnaises. Poussant en grand nombre le long des arbres des forêts humides, ou sur les rochers entre 300 et 1 700 m d'altitude, l'orchidée édifie de vastes ensembles qui méritent un coup d'œil pendant la floraison à partir de février : une cohue de hampes florales arborent chacune des dizaines de tendres fleurs blanches homogènes ou tachetées de pourpre.

Les Bulbophyllum

■ ■ ■ Quoique ! Chaque année de nouvelles espèces, découvertes dans les jungles insondables de Papouasie-Nouvelle Guinée, de Malaisie, du Brésil ou de Madagascar, s'ajoutent à cette liste abyssale. Evidemment, une telle foule abrite une vaste diversité : des pseudobulbes microscopiques, surmontés d'une feuille de 1 mm et des hampes florales loufoques ; des plantes démesurées, berçant dans la brise leurs larges feuilles brillantes deux mètres plus bas. Et les fleurs ! Chimériques, d'une beauté irréelle, complexes et multicolores. Cependant, l'orchidée ne peut être confondue : selon la variété, une ou deux feuilles naissent au sommet d'un seul pseudobulbe d'aspect incroyablement varié, vue la quantité d'espèces existantes. Ovoïde, carré, rondelet, étiré, aplati, lisse, ridé,... L'éventail est immense. Malgré ces qualités manifestes, *Bulbophyllum* reste le vilain petit canard, ignoré, délaissé par les amateurs et orchidophiles du monde entier, au profit d'orchidées plus complaisantes. Cet abandon ■ ■ ■

Gauche :

Accoutumé à toutes les forêts humides de l'île, le robuste *Bulbophyllum densum* n'est guère exigeant, concernant son habitat : hormis l'omniprésent *B. nutans*, c'est certainement le « Bulbo » le plus commun entre 400 et 1 500 m d'altitude. La floraison débute généralement en mars, et s'étend jusqu'en mai.

Page de droite :

La délicate hampe florale de *Bulbophyllum nutans*.

Les Bulbophyllum

■ ■ ■ s'explique : défavorisé par la taille plutôt médiocre de ses fleurs, le genre *Bulbophyllum* n'a jamais pu bénéficier des soins des éleveurs. Ceux-ci, dès le XIXe siècle, cherchèrent à créer des croisements prodigieux, afin de satisfaire un public de plus en plus avide de nouveautés. Parmi les milliers d'hybrides actuels, ceux de *Bulbophyllum* sont devenus des raretés, convoitées aujourd'hui uniquement par quelques spécialistes. Comme partout dans le monde, les « ti karambols » réunionnais font figure de véritables pionniers. Issus du programme de reboisement conduit avec succès par l'ONF, les jeunes arbres adolescents de la forêt primaire se trouvent rapidement ornés par des centaines de petits pseudobulbes, escaladant l'écorce jusqu'à la cime. Suivent ensuite dans leur sillage d'autres orchidées épiphytes telles que les prestigieux *Angraecum*.
Cette capacité d'occuper, de s'adapter, de proliférer, a fait du *Bulbophyllum* l'orchidée la plus répandue sur le globe. Même sur un territoire restreint ■ ■ ■

Page de gauche et droite :

Les deux feuilles en forme « d'oreilles de lapin » de *Bulbophyllum macrocarpum* favorisent une identification formelle, en dehors de la courte période de floraison en novembre.
Deux superbes fleurs, rarement plus, s'ouvrent alors sur une hampe dépassant à peine la plante entière. Peu courante, cette orchidée se rencontre exclusivement en forêt humide jusqu'à 1 200 m altitude

Les Bulbophyllum

■ ■ ■ comme la Réunion, elle est représentée par une vingtaine d'espèces recensées et quelques découvertes inédites. Souffrant des mêmes jugements déjà évoqués, cette communauté, encore mal connue, ne délivre que peu à peu ses secrets, pas toujours scientifiques. Des recettes à base de « ti karambol » sont en effet sauvegardées et transmises depuis des générations par des marchandes en épices et herbes médicinales. Ces « gramounes » des marchés réunionnais utilisent certains pseudobulbes contre les maux d'estomac et gastro-entérites. Charitable *Bulbophyllum*.

Gauche et haut :

Contrairement à la majorité des *Bulbophyllum* réunionnais, le pseudobulbe de ce *B. incurvum* ne développe qu'une seule feuille. Habitué aux régions humides, il se rencontre également en forêt semi-sèche entre 400 et 1 000 m d'altitude. Entre février et mars, une vingtaine d'étranges fleurs rouge grenat couvrent la hampe florale arquée. Le labelle frangé, extrêmement mobile, vacille nerveusement dans le vent et répond à chaque effleurement en tremblotant.

Droite et haut :

Protégées par des bractées, les petites fleurs blafardes de *Bulbophyllum occultum* resteront parfaitement invisibles durant la période de floraison entre août et novembre.
L'apparence variable de la plante est parfois trompeuse selon la luminosité de l'habitat : à l'ombre des forêts denses, les deux feuilles ovales gardent leurs teintes sombres, lustrées, et les pseudobulbes leur élégance. Exposés au soleil, ils atteignent la taille d'une balle de golf orange pâle, couronnée de feuilles circulaires, jaunâtres, épaisses et fermes. Abondante par endroits, l'orchidée épiphyte fréquente toutes les forêts humides de l'île en respectant une altitude maximale de 800 m.

Bulbophyllum
caespitosum

Fan de pluie, fan de soleil

Longtemps confondue avec *Bulbophyllum prismaticum*, cette orchidée épiphyte compose de petites stations dispersées sur la côte Est et à l'intérieur de la Réunion. Peu commune, elle exige un environnement bien défini : les forêts humides et claires situées à moyenne altitude lui conviennent, à condition qu'elle puisse profiter d'un bain de soleil matinal. Fortement exposés, les pseudobulbes expriment en conséquence leur bien-être par un jaunissement éclatant. L'ensoleillement joue aussi un rôle déterminant dans le bon déroulement de la floraison entre octobre et décembre : la vigoureuse hampe florale porte alors une dizaine de petites fleurs, somptueusement teintées, qui méritent un coup d'œil attentif, pourquoi pas à travers une loupe. Contrairement à d'autres *Bulbophyllum*, chaque fleur se détache distinctement de sa voisine pour mieux s'exposer aux éventuels pollinisateurs.

Bulbophyllum
occlosum

La taille des fructifications correspond à celle de la hampe florale : démesurée.

Floraison close

Intimement blottis contre l'écorce des arbres, les pseudobulbes aplatis du plus grand *Bulbophyllum* réunionnais sont idéalement adaptés à une vie en épiphyte. En revanche, leur faculté de camouflage est approximativement nulle, tant la couleur de leur peau froissée est parfois tape-à-l'oeil. Orange fluo, rouge aubergine, vert clair saupoudré de taches de rousseur : la richesse de la palette dépend de l'âge de la plante et surtout de son exposition. En plein soleil, l'orchidée reste petite, le feuillage coriace devient rougeâtre et les coloris des pseudobulbes gagnent en intensité. Seule l'obscurité des forêts humides est capable d'atténuer un peu ces teintes criardes. Ici, les deux feuilles par bulbe s'épanouissent sans contrainte et pendent doucement à la fin de leur croissance. Malgré sa vigueur incontestable, *Bulbophyllum occlosum* occupe un espace assez limité de la côte Est et Nord-Est entre 700 et 1 000 mètres d'altitude. La floraison est de courte durée. Miraculeusement fécondées avant leur éclosion, les fleurs restent hermétiques à tout regard curieux pendant le mois de mars : elles ne s'ouvrent jamais. Ou presque, selon les dires de quelques amateurs chanceux.

Habituellement plus petit, ce spécimen de *Bulbophyllum occlosum* est un véritable géant. La densité de la forêt, associée à l'humidité ambiante des parois d'une rivière, a favorisé la croissance des feuilles (env. 30 cm) et des pseudobulbes, devenus énormes.

Bulbophyllum
variegatum

Pour un *Bulbophyllum*, la hampe florale de *variegatum* est plutôt fournie et bien développée. Le « parfum » de ses fleurs aussi.

Discordante élégance

C'est vrai ! Comparé au développement débordant de certaines orchidées terrestres ou autres *Angraecum*, la grande majorité des *Bulbophyllum* ne paient pas de mine et en plus se ressemblent souvent comme deux gouttes d'eau. Une des rares exceptions réunionnaises à cette règle s'appelle *Bulbophyllum variegatum*. Cette orchidée, à l'allure élancée et souple, aime la promiscuité et pousse en colonies serrées, recouvrant des espaces parfois imposants sur les grands arbres du sud et sud-est de l'île. Là où les forêts humides et chaudes de basse altitude offrent des conditions idéales, elle fleurit généreusement entre fin octobre et décembre. Entassées sur la hampe florale, il est difficile de distinguer la véritable apparence des fleurs. En revanche, l'interprétation de l'odeur ne pose guère de problème. L'élégance s'arrête à 5 cm du nez. Honnêtement, elles empestent.

Exposés à la violence du soleil, les pseudobulbes, vert luisant, prennent une teinte rougeâtre-violacée.

Calanthe
sylvatica

Globe-trotter

1856. Une fleur vient de s'ouvrir. Et alors ? direz-vous. Cette année-là des milliards de fleurs feront de même, partout dans le monde ! Mais la petite fleur est une orchidée. Une orchidée pas comme les autres. Elle est absolument unique et nul ne l'avait vue avant ce matin de 1856. Même pas son « créateur ».
Sans avoir la moindre idée de ce que sa découverte allait déclencher un siècle plus tard, John Dominy, employé de l'illustre cultivateur anglais Veitch, vient de réussir le croisement entre deux orchidées terrestres : *Calanthe furcata* x *Calanthe masuca*. Le tout premier hybride d'orchidées est né, aussitôt baptisé *Calanthe dominii*, en l'honneur de son inventeur, désormais célèbre.
Commentaire lapidaire de l'éminent Dr. Lindley : « Vous allez rendre fous les botanistes ». Grâce à son ingéniosité, des dizaines de milliers d'hybrides de tous genres ont vu le jour depuis, et chaque année les cultivateurs plus ou moins inspirés nous proposent leurs nouvelles « créations ».
Voyageuses dans l'âme, quelques 200 espèces différentes de *Calanthe* colonisent les quatre coins du globe, des montagnes enneigées du Japon aux forêts tropicales du Mexique et du Guatemala en passant par la Polynésie et l'Afrique. Le genre est représenté à la Réunion par deux espèces distinctes : assez rare et peu spectaculaire, *Calanthe candida* mène une vie secrète à l'ombre de la majestueuse *Calanthe* ■ ■ ■

Ce n'est pas une nouvelle variété d'olive grecque oblongue, mais les superbes fructifications noir aubergine de *Calanthe sylvatica* var. *purpurea*.

Sur la hampe florale de *alba*, des fleurs blanches et jaunes se partagent les étages différents. Probablement une question de maturité. Le jaunissement précède le déclin de la fleur.

1/1

C'est le bouquet ! Les hampes magistrales des trois principales variétés (de gauche à droite) : *alba*, *lilacina* et *purpurea*. Seule absente : *iodea*, l'introuvable.

Calanthe
sylvatica

Ouvertes depuis seulement quelques heures, ces jeunes fleurs de Calanthe sylvatica var. alba n'ont pas encore l'allure des adultes. Tendre enfance.

■ ■ ■ *sylvatica*. A l'image de ses consœurs cosmopolites, celle-ci est omniprésente sur l'île et symbolise, pour un grand nombre d'amateurs, la première rencontre avec la Réunion des orchidées sauvages. La forêt humide, la forêt semi-sèche, le sous-bois obscur des « jamrosats » (*Sygyzium jambos*) ou même le sol appauvri des forêts de *Cryptomeria*... Rien n'effraye cette grande orchidée terrestre, qui a su s'adapter à merveille à un environnement profondément bouleversé depuis le débarquement de l'homme quelques siècles auparavant. Il n'est pas rare de découvrir en août ou septembre une plante en fleurs, mais la floraison principale, de janvier à mars, s'avère variée et riche en couleurs.
Au point que l'espèce fut subdivisée en quatre variétés : *alba*, la blanche, *lilacina* et *purpurea* avec leur nuancier s'étalant du mauve au rose-violet profond.
Et *iodea*, l'énigmatique disparue avec ses sombres pétales et sépales pourpres, exhibant un labelle mauve clair. Selon l'habitat, *Calanthe sylvatica* se trouve principalement entre 200 et 1 500 mètres d'altitude, mais se permet de temps à autre, des écarts, dus à sa robustesse et à sa capacité d'adaptation. Phénomène curieux : en grimpant, l'espèce gagne en couleurs : *alba* préfère la clémence des basses altitudes, *lilacina* et *purpurea* les hauteurs moyennes de l'île. Quant à *iodea*, il semblerait qu'elle se soit réfugiée au-dessus des 1 400 mètres d'altitude. Comme quoi, l'orchidée terrestre la plus commune dissimule encore quelques mystères à élucider. Avis aux chercheurs et amateurs.

Calanthe candida est souvent confondue avec une jeune C. sylvatica. Les feuilles, fortement plissées, sont plus ramassées. La floraison, moins spectaculaire, se limite à un blanc crémeux.

Cirrhopetalum
umbellatum

Coup de cafard

Quel nom imagé pour une fleur insolite ! Pourtant son appellation n'a jamais cessé de faire des pirouettes au cours des trois derniers siècles : nommé successivement *Epidendrum umbellatum*, *Bulbophyllum umbellatum* et *Cirrhopetalum thouarsii*, on discuta et on discute encore aujourd'hui à propos du « h » dans *cirrho,* issu du grec — jaune; ou *cirro*, du latin *cirrus* — frange, évoquant les deux pétales latéraux frangés. Pour compléter la confusion, les jumelles du continent africain et de Madagascar, probablement les ancêtres de l'espèce réunionnaise, sont aujourd'hui connues sous le nom *Bulbophyllum longiflorum*. Mais quittons les querelles botaniques pour faire plus ample connaissance avec une orchidée fascinante. Occupant tous les secteurs de l'île, *Cirrhopetalum umbellatum* surprend parfois par son abondance locale. Encordés comme des alpinistes à une tige commune, les pseudo-bulbes, couronnés de leurs feuilles solitaires, se succèdent par centaines, à l'abri du soleil et solidement enracinés sur un rocher isolé dans la forêt semi-sèche du Nord. Cependant, l'humidité des régions abondamment ■ ■ ■

Cirrhopetalum umbellatum est plutôt lithophyte dans les régions sèches du nord de l'île. Mais cette petite colonie du sud se sent visiblement à l'aise sur son arbre. La jeune hampe florale et celles de la saison précédente témoignent de sa forme vigoureuse.

Cirrhopetalum
umbellatum

Les graines minuscules du fruit ouvert sont tombées un étage plus bas et utilisent la feuille comme piste de décollage : un coup de vent et la descendance est assurée.

■ ■ ■ arrosées les fait grimper. Il n'est pas rare de les découvrir dans les cimes des arbres du Sud Sauvage, jouissant alors d'une lumière plus abondante et d'une meilleure aération. L'orchidée apprécie la clémence des basses altitudes et ne monte guère au dessus de 800 mètres pour fleurir convenablement. Deux couleurs s'affichent lors de la floraison : jaune verdâtre et, plus rare, vert tacheté de rouge. Entre décembre et avril s'ouvrent d'étranges boutons qui dévoilent des fleurs alignées en parasol, d'une forme très particulière. Comme les *Ophrys* européens, capables de reproduire avec brio la forme et les couleurs de certaines abeilles et bourdons, *Cirrhopetalum umbellatum* a fait un choix différent, pour le moins étonnant : elle mime la blatte, le cancrelat, fan de nos cuisines et épouvantail des ménagères. Mais un cafard en tenue de bouffon, coiffé d'un bonnet rouge et vert serti d'une antenne vacillante à la place du pompon. Contrairement aux *Ophrys* qui incitent les insectes mâles à féconder la fleur, les blattes n'entrent pas en jeu dans la pollinisation de *Cirrhopetalum umbellatum*. Attirées par l'odeur plutôt répugnante de la fleur, les mouches feront certainement l'affaire (voir page 16). Décidément, notre orchidée ne fait pas la difficile.

C'est certainement la vue plongeante de la hampe florale qui est à l'origine du nom *umbellatum* — l'orchidée ombrelle. A la base du pseudobulbe, la nouvelle pousse vert tendre est déjà dans les starting-blocks.

Echappée d'un film fantastique, l'inflorescence vous tend une main acérée et inquiétante. Inoffensifs, les boutons annoncent déjà les couleurs de la future floraison.

Cryptopus elatus

L'acrobate

Ni le nom d'une secte occulte, ni même un patronyme mystérieux, mais un résumé éloquent de toute une façon d'être : *Cryptopus elatus*... Deux termes succincts nous font plonger dans un dictionnaire latin – français, outil salutaire pour percer les secrets du jargon botanique. Décortiquons : *crypto* – caché, dissimulé ; *pus* – pied ; *elatus* – haut, élevé. Traduction : « Je cache mon pied en hauteur ». L'affirmation est juste et témoignent d'une observation précise. Dans sa version « sage », la plante pousse sur des rochers ou à la base des troncs qu'elle utilise comme appuis pour ses racines aériennes, en maintenant toujours une distance considérable envers son support. Puis elle grandit et gagne en hauteur. Des plantes de 1,50 m ne sont pas rares. En escaladant ainsi l'arbre, le pied commence généralement à flétrir. L'orchidée se dessèche par le bas et perd tout contact avec la terre. « Allô Houston, nous avons un problème ». Pensez-vous ! La croissance à la tête compense largement les pertes à la base, et l'ascension acrobatique est engagée. Ainsi a-t-on découvert un spécimen d'une hauteur de trois mètres, droit comme un manche à balai, poussant le long d'un tronc à deux mètres du sol. Un record stupéfiant. En dénichant l'arbre-refuge idéal, la plante s'était tranquillement développée, à l'abri d'une interminable lutte contre les aléas météorologiques. D'autres ont moins de ■ ■ ■

Qui l'aurait cru ? Ce banal bouton cache l'une des plus belles fleurs de l'île. L'éperon pleinement développé annonce sa maturité. Il s'ouvrira dans quelques heures.

Cryptopus
elatus

■ ■ ■ chance. Entre décembre et mai, un ennemi féroce les guette, les secoue, les frappe et porte des noms innocents comme « Hyacinthe » ou « Dina » : les cyclones. Impossible de résister longtemps à une telle violence. Arrachée à son support, *Cryptopus elatus* devient alors trapéziste sans filet. Une fois le calme revenu, il se retrouve, chamboulé et tête en bas, miraculeusement suspendu à une branche par une seule puissante racine aérienne. Commence alors sa deuxième ascension. En développant de nouvelles racines, l'orchidée stabilise d'abord sa position, quelque peu hasardeuse. De nouveau calée, elle peut se permettre de lever sa tête vers la lumière en stimulant sa croissance habituelle. C'est pourquoi on a parfois du mal à la repérer, quand elle décrit un demi-cercle, cachée au beau milieu d'un pêle-mêle de branches, de feuilles et de racines. Mais il existe un dévastateur encore plus redoutable : en ramassant, en arrachant des plantes adultes entières, l'homme est parvenu beaucoup plus radicalement à un résultat d'autant plus triste. Déjà peu courante dans les forêts humides de l'Est et du Sud, elle se fait de plus en plus rare dans la forêt semi-sèche du Nord, son biotope de prédilection. C'est entre 200 et 900 mètres d'altitude que *Cryptopus elatus* a trouvé asile. Inutile de la chercher en aval : elle n'y est plus. L'attirance pour cette espèce s'explique quand on se balade entre décembre et mars : il n'y a guère de mots pour décrire une telle fleur. Divine.

Les ramifications sont exceptionnelles chez *Cryptopus elatus*. L'orchidée se propage essentiellement par division occasionnelle et pousse souvent en communauté, constituant ainsi de petites stations éparses.

Les étapes différentes de la hampe florale sont apparentes. Cependant, une fructification naturelle semble impossible à la Réunion, en l'absence de pollinisateurs spécialisés.

Cynorkis purpurascens

L'orchidée facile

Invisible pendant son repos annuel, cette orchidée géophyte révèle, dès son retour « sur terre », sa véritable nature. Pour le plaisir du promeneur du dimanche, *Cynorkis purpurascens* est peut-être la plus accessible de toutes les orchidées réunionnaises. Peu farouche et plutôt fréquente, elle se contente de pousser dans la mousse épaisse des mottes humides, en tirant une langue lustrée : sa large feuille unique. Elle tapisse naturellement les parois qui bordent les sentiers, et se laisse ainsi commodément aborder. Un privilège d'autant plus appréciable pendant la floraison colorée, allant du mauve blanchâtre au violet profond, en passant par le rose tendre et le pourpre vif, durant six longs mois à partir de décembre. De plus *Cynorkis purpurascens* est loin d'être capricieuse. Sa carte de répartition le confirme : occupant toute l'île, elle se rencontre néanmoins plus difficilement dans les forêts semi-sèches du Nord. Appréciant la fraîcheur des hauteurs et l'ambiance plus humide, elle est capable de monter jusqu'à 1 500 mètres.

Une seule hampe florale génère une vingtaine de fleurs qui, en apparaissant successivement, donnent l'impression d'une longévité exemplaire.

La hampe florale de *Cynorkis purpurascens* est enveloppée à sa base d'une grande feuille luisante, facilement reconnaissable.

Cynorkis squamosa

Petite, mais costaude

En ce qui concerne leurs habitats divers, une large majorité d'orchidées sont des spécialistes avisées : l'altitude et la température sont des paramètres primordiaux et souvent responsables de l'apparition ou de l'absence d'une espèce. Malgré cela il y a des orchidées, généralement terrestres, qui semblent ignorer cette règle et la transgressent allègrement. L'épatante *Cynorkis squamosa* en fait partie. Sans gêne, elle se balade dans les forêts humides du Nord à 1 000 mètres d'altitude, longe la « côte au vent » et explore l'intérieur de l'île en franchissant les 1 400 mètres, dévale les pentes du Sud Sauvage jusqu'à 300 mètres. Apparemment insensible aux variations de températures, l'humeur de l'orchidée dépend toutefois de facteurs supplémentaires : poussant à l'ombre dans une ambiance humide, elle fleurira entre septembre et octobre, en ajoutant aux forêts sombres une ribambelle de taches colorées, rares à cette époque.

Spécificité de cette orchidée terrestre : une seule feuille de 10 à 20 cm. La hampe florale, parfois trois fois plus longue, paraît légèrement disproportionnée.

Cynorkis squamosa est commune par endroits. Pendant sa floraison, une scène comme celle-ci n'a rien d'exceptionnel. Quelques fées et autres gnomes pourraient compléter le spectacle.

Disperis discolor

Hibernatus

Une bonne partie de l'année, les orchidées géophytes s'effacent et, à l'abri de toute sollicitation, sommeillent clandestinement sous la terre. En sacrifiant la totalité de sa matière végétative hors sol, la plante concentre sa force vitale dans un ou deux pseudobulbes, garants de sa pérennité. En septembre, *Disperis discolor* s'éveille en développant en préambule une tige, porteuse de trois petites feuilles vert foncé, délicatement duvetées et quasiment noires au revers. Deux mois plus tard, les boutons floraux naissent au sommet et, en s'ouvrant en janvier-février, le coiffent d'un couvre-chef rose et blanc. A l'approche de la saison sèche et après fructification, l'orchidée à présent épuisée, prépare son congé annuel en délaissant tige et feuilles. Bon débarras, l'inertie régénératrice peut commencer. La forêt semi-sèche du Nord paraît idéale comme habitat et abrite quelques belles stations de *Disperis discolor* entre 400 et 800 mètres d'altitude. Eparse dans le Sud de l'île, la plante s'adapte au climat différent, descend des hauteurs et retarde sa floraison de deux mois. A ses cotés, on peut trouver la rarissime *D. tripetaloides*. Quasi identique à notre orchidée, elle se distingue toutefois par une floraison moins spectaculaire : quelques taches grenat sur fond blanc.

De profil, *Disperis discolor* révèle sa construction complexe, fort efficace pour « piéger » les divers pollinisateurs.

La chaussure de randonnée reste le prédateur « naturel » de cette orchidée terrestre de 10 cm. Hors sentiers battus, il est alors préférable de marcher sur des œufs.

Disperis oppositifolia

Les feuilles ondulées de *Disperis oppositifolia* sont évidemment opposées. L'élégante hampe florale dépasse celle de *Disperis discolor* et atteint facilement 20 cm.

Esprit contradictoire

La désignation latine *oppositifolia* prend ici un double sens : d'une part, comme son nom l'indique, elle est dotée de feuilles opposées (*oppositi* – opposée et *folia* – feuille). D'autre part, elle se distingue nettement de *D. discolor*. Avant tout, *Disperis oppositifolia*, loin d'être rare, se rencontre couramment dans des talus humides, et peut même dérouler de véritables « tapis » pendant sa floraison. Bien sûr, celle-ci aura lieu en plein hiver austral, entre août et septembre, en complet désaccord avec sa sœur affirmant ainsi un cycle de croissance diamétralement opposé. Fidèle à elle même, cette orchidée géophyte peuple essentiellement les forêts les plus arrosées de l'Est et franchit de temps à autre la barre des 800 mètres d'altitude. Question style, *Disperis oppositifolia* préfère un modeste bonnet blanc strié de rose, au tricorne tapageur de *D. discolor*.

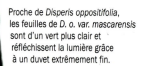

Proche de *Disperis oppositifolia*, les feuilles de *D. o. var. mascarensis* sont d'un vert plus clair et réfléchissent la lumière grâce à un duvet extrêmement fin.

Trouvée à un seul exemplaire dans le Nord de l'île, cette probable *Disperis oppositifolia var. mascarensis* était considérée comme éteinte depuis longtemps. Espérons que cette découverte encourageante sera confirmée par d'autres trouvailles.

Quelle évolution ! Seulement quelques semaines séparent la petite fleur bariolée, parée de son éperon brillant, d'une fructification lourde et démesurée.

Eulophia
pulchra

Enfant unique ou sœur jumelle ?

L'étude des orchidées est passionnante, complexe parfois, et exige une bonne dose de patience, de persévérance et d'humilité. Ajoutons l'observation méticuleuse des détails pour départager les espèces. C'est le cas pour deux *Eulophia* peu communes : *Eulophia pulchra* et *E. versicolor*. Une distinction nette s'avère difficile, les différences étant minimes. La taille supérieure des pseudobulbes, un feuillage plus développé et vaguement plus foncé chez *Eulophia pulchra*, justifient à peine une séparation. Dans l'avenir, seule la comparaison des patrimoines génétiques pourra trancher et répondre à la question fondamentale : s'agit-il de deux espèces divergentes ou d'une « simple » adaptation aux conditions environnementales ? Occupant à peu près les mêmes altitudes, entre 400 et 900 mètres, nos deux orchidées terrestres ne fréquentent que rarement les mêmes habitats et se partagent gentiment l'île. Ainsi on découvre *E. versicolor* dans les forêts semi-sèches et ensoleillées du Nord, quand *Eulophia pulchra* s'installe volontiers à l'ombre des forêts humides du Sud. La floraison entre février et mai est similaire pour les deux espèces et dévoile un feu d'artifice en jaune, vert et rouge.

Les *Eulophia* aiment pousser en famille et forment de petites stations. Loin d'avoir l'allure d'une *Calanthe*, l'orchidée développe au maximum deux feuilles timides par pseudobulbe. A sa base surgira la future hampe florale.

Graphorkis
concolor
var. concolor

Réveillé par l'aurore, ce bouton est prêt à s'ouvrir dans les heures à venir. L'éperon jaune rayonne sous l'effet du soleil matinal.

Corne de bouc !

Loin de vouloir l'injurier, c'est avec tendresse et humour que les Réunionnais ont baptisé cette orchidée, qui a trouvé une place méritée dans leur coeur et parfois dans leurs jardins d'ornement. Adulte, *Graphorkis* développe d'énormes pseudobulbes potelés, caricatures lointaines de cornes mais en fait véritables réserves d'eau et de sels minéraux, essentiels pour l'essor de l'orchidée. Son cycle de végétation le confirme : en septembre, au début du printemps austral, elle émerge du sommeil hivernal en développant d'entrée une hampe florale qui atteint aisément 40 cm en pleine floraison, entre novembre et janvier. Après cet effort considérable et sans répit commence l'étape végétative. Comme l'inflorescence, la pousse juvénile naît à la base du pseudobulbe de la saison précédente et toute l'énergie accumulée sera nécessaire pour déplier un éventail de longues feuilles magistrales. L'été s'annonce chaud et pluvieux. Pendant quatre mois, il favorisera l'épanouissement de la nouvelle plante. A la fin mars, son ■ ■ ■

D'habitude installée à plusieurs mètres du sol, cette *Graphorkis concolor concolor* s'est adaptée à une vie plus terre à terre sur sa branche tombée. La jeune pousse atteint déjà la taille du pseudobulbe de l'année passée.

109

Graphorkis
concolor
var. alphabetica

■ ■ ■ pied gonflé à bloc tel un ballon de rugby, s'est solidement enraciné. L'automne se fait sentir, le soleil entame son déclin annuel. Avec la baisse des températures, *Graphorkis* perd chaque jour un peu plus de sa splendeur. La hampe florale s'est éclipsée depuis longtemps, les feuilles à leur tour jaunissent, flétrissent et tombent l'une après l'autre. Inévitablement, l'orchidée se dégarnit et à l'approche de l'hiver la jeune et vigoureuse corne de bouc, nue à présent, se prépare pour une longue sieste de deux mois. La boucle est bouclée. Deux variétés, la jaune *G. concolor concolor* et la marbrée *G. concolor alphabetica* partagent les mêmes habitats. Extrêmement rares dans le Nord, elles sont aujourd'hui menacées de disparaître des forêts humides de basse altitude au Sud et à l'Est de l'île. La tentation de voir fleurir cette ravissante orchidée dans son propre jardin est grande ; le plaisir de la dénicher, de l'observer et pourquoi pas, de la photographier dans son milieu naturel, est d'autant plus méritoire.

Encore délicatement inclinée, cette hampe de *Graphorkis concolor alphabetica* se distingue nettement par ses boutons violacés.

Grâce à la croissance débordante des racines, les pseudobulbes ont les « pieds au chaud ». Comme des oisillons dans leur nid douillet.

Six mois d'efforts seront nécessaires, pour que ce pseudobulbe, couronné de son éventail de feuilles, devienne une corne de bouc bien dodue.

Habenaria
prealta

Marche à l'ombre

Il y a deux choses que déteste cette grande orchidée endémique : le soleil et la sécheresse. En conséquence on la découvre fréquemment dans les forêts obscures et gorgées d'eau entre 500 et 1 000 mètres d'altitude, notamment dans l'Est de l'île. Ne dépassant pas l'éminente *H. sigillum*, elle atteint tout de même la respectable hauteur de 1 m 30, si l'environnement lui convient. Généralement accompagnée de la tige flétrie et noirâtre de l'année précédente, *Habenaria prealta* prend son temps pour atteindre sa taille adulte et fleurir. A partir de janvier, le sol est parsemé par endroits de plantes juvéniles, déployant leurs feuilles tendres et élancées. Mais ce n'est que fin juin, que la hampe florale arbore ses premières fleurs jaunes et vertes, pour persévérer jusqu'en août, voire en septembre. Comparée à la hampe parfaitement structurée de sa grande soeur *H. sigillum*, celle de *Habenaria prealta* paraît délicatement chaotique, et la disposition de ses fleurs aléatoire. Mais ce sont parfois les « défauts » qui marquent l'originalité d'une espèce.

Fin mai, cette hampe florale n'est qu'au début de sa gestation. En pleine floraison, elle mesurera 20 à 25 cm et accueillera successivement une trentaine de fleurs.

Vue d'en haut, la jeune orchidée terrestre s'expose en forme d'étoile. Adultes, les feuilles s'ordonnent en alternance, pivotant autour de la tige jusqu'à la hampe florale.

Habenaria
sigillum

La géante réservée

Paradoxalement, la plus grande orchidée terrestre de la Réunion se dérobe habilement aux regards curieux et non avertis. Sa taille inattendue — 1 m 60 du pied à la hampe — et ses larges feuilles nervurées, disposées en alternance sur la tige, la dissimulent naturellement dans les sous-bois denses des forêts humides. Endémique de la Réunion, peu courante, *Habenaria sigillum* mène une existence modérée : ni chaud, ni froid, elle apprécie les températures intermédiaires d'une altitude plutôt délimitée entre 300 et 800 mètres et se cache exclusivement dans l'Est et le Sud de l'île. Pour la majorité des orchidées réunionnaises, l'hiver austral signifie saison sèche et repos annuel. Têtue comme sa sœur *H. prealta*, *Habenaria sigillum* privilégie précisément cette période de l'année pour achever sa longue croissance : entre mai et juillet, la floraison se montre, en effet, généreuse et fascinante, grâce au charme particulier que dégagent les fleurs et les boutons, qui s'organisent harmonieusement autour d'une hampe florale d'environ 30 cm.

Habenaria sigillum dispose d'un éperon remarquable mais peu voyant : curieusement déployé à l'horizontale et distinct grâce à son teint pâle, il longe le pédoncule de la fleur.

De loin, cette imposante orchidée terrestre pourrait passer pour une banale Longose (*Hedychium*) juvénile. Toutes deux poussent dans la végétation luxuriante des berges des rivières et ravines de l'Est.

Jumellea fragrans

Fameux faham

Une dizaine d'espèces de *Jumellea* sont recensées sur notre île, mais c'est incontestablement le « faham », savoureuse désignation créole, d'origine malgache, qui hante les esprits des amateurs de rhum « arrangé ». Son appellation latine *fragrans* l'atteste : le parfum libéré de décembre à avril par les fleurs est puissant et raffiné. Mais ce sont principalement les feuilles et tiges qui abandonnent leur âme à la boisson convoitée. La plante entière peut également se déguster en tisane aromatique et rafraîchissante. Mais... combien de temps une espèce encore abondante par endroits supportera t-elle le fardeau de ses vertus culinaires ? Conserver les traditions est une chose, exterminer des stations entières en est une autre. Cultivée dans des élevages spécialisés, la plante pousserait sans problème entre 500 et 1 500 mètres d'altitude dans les régions copieusement arrosées. En valorisant les « Hauts » de l'île, un nouveau label pourrait ainsi voir le jour : le « faham bourbon ». Sans législation sensée, cette célèbre orchidée disparaîtra à plus ou moins long terme... A méditer.

La croissance des fructifications est d'une telle rapidité que, pendant des semaines, les fleurs sèches y restent accrochées comme des fantômes squelettiques.

Suivez le guide : en laissant pendre leurs racines, parfois sur plusieurs mètres le long des arbres, les grandes touffes du « faham » sont aisément repérables.

Installée sur un arbre fauché par un cyclone, cette énorme colonie se redresse lentement vers la lumière, atténuée par la brume des hauteurs.

Jumellea
recta

La fructification élancée concorde parfaitement avec l'exubérance de l'éperon. A retenir pour reconnaître l'espèce : les feuilles étreintes à leur base.

Double vie

C'est plutôt inhabituel chez les *Jumellea*, volontiers épiphytes, mais on trouve *Jumellea recta* fréquemment sur les rochers ou à la base des troncs d'arbres des forêts semi-sèches du Nord, entre 200 et 1 000 mètres d'altitude. Cette orchidée fait partie des quelques espèces capables de faire face au soleil cuisant, affichant un port parfaitement adapté aux circonstances : la plante se recroqueville, limitant ainsi l'évaporation, et ses feuilles courtes et raides présentent au toucher un aspect de cuir épais. Quand elle évolue à l'ombre des forêts humides, on a peine à croire qu'il s'agit de la même espèce. La métamorphose est saisissante : se dressant fièrement jusqu'à 60 cm au-dessus de son support, l'orchidée se dote de longues feuilles souples, d'un vert sombre et luisant. Malgré la robustesse de la plante, la floraison est loin d'être à la hauteur : les fleurs, qui apparaissent en décembre et janvier à la base des feuilles, rivalisent d'élégance mais sont d'une exquise fragilité, caractéristique des *Jumellea*. Comme toutes les fleurs pourvues d'un éperon démesuré, *Jumellea recta* est fécondée par des papillons de nuit, seuls insectes en mesure d'atteindre le nectar au fond du tube.

Solidement enracinée sur un rocher, cette *Jumellea recta* mène une vie dure : en plein soleil, exposées aux vents, les feuilles sont devenues épaisses et résistantes.

Jumellea triquetra

La grande tribu

De nos jours, il est plutôt rare de constater qu'une orchidée ne l'est pas. C'est donc avec une certaine satisfaction qu'on découvre *Jumellea triquetra* encore partout sur l'île à partir de 700 mètres d'altitude. La plante se compte par centaines, singulièrement dans les forêts humides de haute altitude où elle occupe la majorité des arbres propices. Par endroits, elle reste même la seule rescapée des épiphytes et domine du haut de son perchoir quelques orchidées terrestres telle que *Calanthe sylvatica*. Robuste et prolifique dans son milieu naturel, elle est réputée incultivable et c'est peut-être là aussi une raison de son abondance. Cette orchidée fleurit à partir de novembre jusqu'en février selon la qualité et surtout l'altitude de son habitat. Les fleurs blanches jaillissent par dizaines à la base du feuillage et ne sont que rarement fécondées dans leur ensemble. Celles qui n'ont pas eu cette chance fanent et tombent assez vite, laissant comme souvenir leurs pédoncules racornis, semblables à des crochets enfoncés dans la chair de la plante : une aide précieuse pour faciliter l'identification de l'espèce hors floraison.

Sur les vieux sujets de *Jumellea triquetra*, une vingtaine de fleurs se disputent l'espace pour attirer les pollinisateurs. Pour les fleurs de cette jeune orchidée, coincée dans la mousse, ce n'est pas chose facile.

Plusieurs générations de fructifications sont aisément repérables sur cette plante ; vertes et oblongues, les plus récentes mettront des mois à atteindre la maturité pour agrandir une famille déjà nombreuse.

Liparis
disticha

Les *Liparis* font partie de ces orchidées furtives et insaisissables. Vue de profil *Liparis disticha* ressemble à un insecte mutant, étrange mélange de papillon nocturne, de cafard et de mante religieuse.

L'insaisissable charme

Parmi les membres réunionnais du genre *Liparis*, c'est certainement *Liparis disticha* qui, par la beauté insolite de sa fleur, attire le plus la curiosité du promeneur averti. A partir de novembre jusqu'en février, se montrent successivement sur une hampe florale en forme d'épi une ou deux fleurs à la fois, qui peuvent sensiblement différer d'une station à l'autre, du vert clair à l'orange lumineux et profond. *Liparis disticha* modifie aussi son apparence : il arrive que ses deux sépales latéraux ne se déploient pas telles les ailes d'une chauve-souris ; leurs extrémités restent alors soudées donnant ainsi un tout autre aspect à la fleur. Contrairement à ses consœurs *L. flavescens* et *L. caulescens*, qu'on trouve exclusivement en forêt humide et ombragée entre 700 et 1 300 mètres d'altitude, notre orchidée se plaît également en forêt semi-sèche de basse altitude, où elle pousse en petites colonies sur des rochers, ou bien en épiphyte, formant des touffes parfois assez conséquentes sur les troncs d'arbres.

Grâce à ses feuilles luisantes, *Liparis caulescens* ne ressemble ni à sa sœur, ni même à une orchidée. Sa fleur juvénile verte subit une métamorphose étonnante et se teinte après quelques jours d'un véritable orange fluo.

Accompagnée d'une fougère épiphyte et d'un peu de mousse, cette colonie de *Liparis disticha* rassemble une centaine de plantes composées d'un pseudobulbe et d'une feuille unique.

Oeonia
rosea

L'insoutenable légèreté

La voir planer dans les airs, suspendue à un bout de branche par quelques racines est un pur bonheur. La trouver, une toute autre affaire et un véritable défi. Cette sublime orchidée épiphyte est rare et sait se faire oublier, en se cachant au beau milieu des arbres. L'extrémité crochue des feuilles, le port général de la plante, cette manie de se balader entre les branches grâce à ses racines sensibles, qui cherchent et trouvent toujours un support, font d'elle la petite cousine de *Cryptopus elatus.* Une cousine qui préfère cependant la fraîcheur des hauteurs (700 - 1 200 mètres) et les averses fréquentes de l'est de l'île, pour s'épanouir et fleurir correctement. A partir d'octobre apparaissent les hampes florales, qui portent chacune jusqu'à cinq boutons ; en février, mars et en avril ils lèveront le voile sur de petites fleurs touchantes et fragiles aux sépales et pétales verts, dotés d'un labelle d'apparence cireuse. Délicate autant que menacée, *Oeonia rosea* n'a que peu de chance de survivre à la cueillette. La préserver, c'est la laisser choisir sa branche. En toute liberté.

Oeoniella
polystachya

Malgré son apparence fragile, la fleur de *Oeoniella polystachya* fait preuve d'une persévérance remarquable. Sans être fécondée et bénéficiant d'une météo favorable, elle tiendra entre quatre et six semaines.

Certaines l'aiment chaud

Commune sur la côte est malgache, *Oeoniella polystachya* est extrêmement rare à la Réunion. Sérieusement menacée d'extinction, cette espèce se trouve aujourd'hui confrontée à la dégradation progressive de son habitat ainsi qu'à une intolérable cueillette. Elle est d'ailleurs la seule espèce de cet ouvrage à ne pas avoir été photographiée *in situ*. Cette orchidée est une incontestable partisane de la lumière et ne craint guère les pentes raides des forêts semi-sèches fortement ensoleillées, à condition qu'elles se situent en dessous de 700 mètres d'altitude. Seules quelques courageuses *Cryptopus elatus* (page 94), *Jumellea recta* (page 118) et la rarissime *Solenangis aphylla* (page 142) s'aventurent par ici pour partager sa ferveur et sa solitude. Rien d'étonnant alors, à ce qu'elle préfère des rochers comme support principal ; quelques feuilles sèches, un peu de mousse dans une fente, et la plante entame son ascension grâce à ses racines aériennes bien développées. Au vu de la silhouette rustique de la plante et de ses feuilles épaisses, la finesse de la hampe florale surprend. A partir de septembre, elle porte jusqu'à une vingtaine de fleurs agréablement parfumées, et d'une longévité exceptionnelle.

Trois critères morphologiques pour identifier l'orchidée : une ramification étendue, de vigoureuses racines aériennes et des feuilles résistantes qui, à leur base, ceinturent la tige de la plante.

Phajus pulchellus

Les fructifications manquent de légèreté et d'élégance. Au cours des mois suivants, elles sèchent et changent radicalement d'aspect passant d'une peau vert-jaunâtre à un cuir marron foncé. Puis les fruits arrivent à maturité en libérant des centaines de milliers de graines.

Contraste absolu

Au championnat réunionnais des orchidées colorées, *Phajus pulchellus* occupe naturellement une des premières places du podium. Entre décembre et mars, l'écarlate des fleurs rivalise à merveille avec la verdure des différentes mousses et fougères omniprésentes dans toutes les forêts humides de moyenne altitude (700 - 1 200 mètres). Ajoutons les rayons d'un soleil matinal traversant les cimes des arbres, et le rideau se lève sur une scène féerique, issue d'un tableau impressionniste. Rigoureusement inclinées, les fleurs, attachées à des pédoncules soyeux et blancs comme de la neige, refusent de se présenter poliment au spectateur. Penchez-vous, ou mieux encore, allongez-vous pour découvrir l'intérieur éclatant d'une fleur cachottière. Les feuilles oblongues de cette magnifique orchidée terrestre s'apparentent à celles de *Calanthe sylvatica*, en restant toutefois plus effilées. *Phajus pulchellus* est probablement endémique de la Réunion. Mais d'autres variétés, sensiblement différentes et originaires de Madagascar, sont connues sous la même appellation.

Essentiellement terrestre, *Phajus pulchellus* monte parfois le pied d'un arbre, confortablement installée dans la mousse épaisse, pour mieux profiter de la lumière à 50 cm du sol.

Phajus
tetragonus

La quadrature du cercle

La grande sœur de *Phajus pulchellus* est une orchidée terrestre majestueuse, qui surprend par l'envergure de ses larges feuilles luisantes et ses tiges particulières, facilement reconnaissables : elles ne « tournent » pas rond mais sont carrément carrées. Une curiosité à laquelle elle doit son appellation botanique issue du latin *tetra gonus* — quatre angles. La hampe florale élancée, portant entre quatre et dix fleurs à la fois, arrive à maturité en mai. Si la météo est indulgente et la plante bien developpée, la floraison persiste parfois jusqu'en août en plein hiver austral. Souvent accompagnée par des fougères et autres plantes de sous-bois, cette orchidée apprécie les températures douces et l'humidité élevée des forêts de basse altitude du Sud. Ce sont les derniers sanctuaires de l'espèce et les vestiges des forêts « lontan », qui couvraient jadis toute la côte Est de l'île, avant d'être progressivement remplacées par de vastes champs de canne à sucre. Progrès oblige.

Contrairement aux tiges rondes des hampes florales, celles des feuilles présentent quatre angles bien dessinés.

Comme chez *Phajus pulchellus*, les fleurs s'inclinent timidement. Quant au bouton encore bien fermé, c'est l'inverse : il pointe son nez vers le ciel.

Polystachia cultriformis

Caprice de la nature : au beau milieu des fleurs et boutons, deux fructifications précoces sont déjà bien développées et commencent à enfler.

Un air de muguet

C'est avec une impression de déjà vu qu'on se fait leurrer par cette *Polystachia*, qui joue gentiment le rôle de la fleur symbole du printemps et de la fête du Travail. Pourtant, en regardant de plus près, la plante confirme rapidement sa vraie nature d'orchidée : les pseudobulbes oblongs (jusqu'à 15 cm) couronnés d'une feuille unique, colonisent de préférence les arbres des forêts humides et ombragées, et ne franchissent que rarement 800 mètres d'altitude. La floraison en grappe, caractéristique des *Polystachia*, s'avère nuancée et propose entre décembre et avril une palette restreinte de couleurs, allant du blanc muguet jusqu'au rose. Quant à son appellation, quel est le rapport entre cette innocente orchidée et un vilain couteau (du latin : *cultri*) ? En étalant la plante dans leurs herbiers, les botanistes ont été visiblement interloqués par quelques similitudes évidentes, pseudobulbe et feuille formant manche et lame. *Polystachia cultriformis* ne ressemble toutefois guère à un dangereux poignard, mais plutôt à un couteau à beurrer des tartines.

Polystachia cultriformis affectionne particulièrement l'obscurité des forêts denses de l'Est, mais ne dédaigne pas quelques rayons de soleil. La hampe florale est souple et surgit au sommet du pseudobulbe à la base de l'unique feuille.

Polystachia fusiformis

La belle qui venait de Lilliput

Une multitude d'orchidées, à fleurs minuscules et aux couleurs souvent blafardes, partagent leurs existences secrètes et généralement ignorées avec les vedettes admirées de la famille. *Polystachia fusiformis* fait partie de ces modèles réduits. Mais attention : loin d'être complexée par sa taille, la variante rougeâtre *P. purpurascens* affiche entre janvier et mars des coloris dignes des floraisons les plus enviables. De temps à autre exposée au soleil, elle apprécie en général une atmosphère légèrement plus sèche que sa sœur vert-jaunâtre, qui, plus commune mais également plus timide, préfère l'ombre des forêts humides de l'Est, poussant en touffes parfois imposantes sur les arbres. Ne dépassant pas la barre des 1 000 mètres, *P. virescens* et *P. purpurascens* se trouvent principalement entre 500 et 1 000 mètres d'altitude, bien à l'abri des regards indiscrets.

Ecorce et mousse, voilà le décor planté pour cette jeune colonie de *Polystachia fusiformis* var. *virescens*. La floraison terminée, il sera certainement plus difficile de la dénicher.

Cette hampe de *Polystachia fusiformis* var. *purpurascens* révèle les phases différentes de la fructification : de la fleur, récemment fécondée, jusqu'au fruit teinté, bien enflé.

C'est au milieu du pseudobulbe de l'année précédente que la nouvelle pousse prend son départ. L'orchidée naine donne alors l'image de fuseaux (lat. *fusi*) empilés, et atteint des hauteurs « vertigineuses ».

Polystachia
mauritiana

Fleur Clochette

Instant attendrissant que l'apparition entre décembre et avril, des premières fleurs sur la hampe délicate de *Polystachia mauritiana*, qui tient son appellation de l'île Maurice. Plus commune à la Réunion, elle s'adapte volontiers aux exigences les plus variées des forêts primaires, à condition qu'elles ne dépassent pas 1 000 mètres d'altitude. Cette capacité d'acclimatation s'exprime par l'allure franchement divergente de la plante, selon son habitat de prédilection. Evoluant dans l'ambiance confinée des forêts de l'Est et du Sud, *Polystachia mauritiana* étend un feuillage souple et généreux, et déploie une hampe florale couverte de fleurs d'un blanc ivoire. Exposée au soleil ardent des forêts semi-sèches du Nord, et faute de crème solaire, ses feuilles roussissent et deviennent coriaces. Un réflexe banal, adopté par d'autres orchidées. En revanche, le coloris rose, mauve ou violet des fleurs ne peut guère s'expliquer par l'intensité des rayons. S'agit-il simplement de deux espèces distinctes ? Aux botanistes-généticiens de trancher.

Sur l'unique hampe et à des étages différents se côtoient fleurs épanouies et boutons bien fermés.

Une espèce, deux façons de vivre : se plaisant sur les arbres aussi bien que sur des rochers, *Polystachia mauritiana* est loin d'être capricieuse et dévoile ses joyeuses fleurs partout sur l'île.

Satyrium
amoenum

L'ermite du désert

Une bonne dose de courage est nécessaire pour habiter une région aussi hostile que les hautes plaines aux alentours du volcan. Des températures nocturnes qui frôlent le 0°C en plein hiver austral, un soleil impitoyable et féroce au dessus de 2 000 mètres d'altitude, des vents qui règnent en maîtres : tels sont les éléments à braver pour tout être vivant qui s'y aventure. Pourtant, c'est précisément ici que *Satyrium amoenum* s'est établie, entre des scories et de rares touffes d'herbes sèches. Quand elle fleurit, en mars-avril, cette petite espèce terrestre apporte les rares touches de couleur — du blanc, du rose ou du mauve clair — dans le sombre désert où elle niche. Le galbe particulier de la fleur est à l'origine de son nom : ses deux éperons arqués évoquent les cornes de ces satyres de la mythologie grecque, ces génies mi-hommes, mi-boucs, grands amateurs de vin et de chasse aux nymphes. Les feuilles de cette orchidée résistante sont épaisses et lisses au toucher. Un air de famille les lie à certaines plantes succulentes, parfaitement capables de conserver l'humidité. Un talent vital dans ces zones arides, où le sol perméable retient si peu d'eau et d'éléments nutritifs.

Satyrium amoenum n'est pas une orchidée rare. En pleine floraison, les pelouses de haute altitude sont, par endroits, parsemées d'étoiles mauves et roses.

La taille restreinte de ses deux feuilles épaisses aide l'orchidée à trouver l'équilibre précaire entre évaporation et photosynthèse.

Solenangis
aphylla

Espèce de nudiste

Unique dans son genre sur l'île, cette espèce ensorcelante est totalement dépourvue de feuilles. Composée simplement d'une tige et de racines aériennes, l'orchidée pousse à la base des troncs d'arbres, qu'elle utilise comme supports pour son ascension en s'agrippant telle une pieuvre tentaculaire, laissant toujours un espace respectueux de quelques centimètres entre l'écorce et la tige. Le camouflage est efficace et l'on a le plus grand mal à distinguer la plante dépouillée dans un décor de lichen, de mousses et de feuilles sèches tombées des arbres alentour. Malgré son apparence excentrique, *Solenangis aphylla* ne manque pas de charme : ses racines bleutées, souvent plus enflées que la tige même, soulignent le vert-jaunâtre des minuscules fleurs, qui s'ouvrent en novembre, au début de l'été austral. Appréciant particulièrement la chaleur de basse altitude, cette rarissime orchidée a trouvé refuge en forêt semi-sèche du Nord. Commune à Madagascar, l'orchidée nue est fort menacée à la Réunion, immanquablement condamnée à défaut d'une protection rapprochée et durable.

A défaut de feuilles, ce sont les racines de *Solenangis aphylla* qui se consacrent à la photosynthèse. L'extrémité jaune, fraîchement poussée, semble translucide.

Attachée aux bois de chandelle (*Dracaena reflexa*) dans les plantations de l'Est, ou comme ici sur un filao (*Casuarina equisetifolia*) du Sud, la vanille atteint 20 à 40 mètres de longueur. Pour faciliter l'accès aux fleurs, la plante est cultivée en boucles. Parmi les nombreuses espèces de *Vanilla*, seulement trois produisent des gousses, en fait des capsules comestibles : la reine des saveurs d'origine mexicaine *Vanilla planifolia*, la vanille des Antilles *Vanilla pompona* et la rare tahitienne *Vanilla tahitensis*, produisant des gousses ramassées, épaisses, d'un parfum très particulier.

La Vanille

Hasta la vista, baby

Qu'est ce que la vanille vient fabriquer dans ce livre ? D'accord, c'est une orchidée, mais elle n'est ni d'origine réunionnaise, ni même indigène des Mascareignes. Malgré cela, son histoire, profondément liée à la Réunion, mérite d'être racontée. De mémoire d'homme, cette histoire commence à l'autre bout du globe, au Mexique. Olé ! Le 8 novembre 1519, Hernan Cortés, émissaire et conquistador modéré du Roi d'Espagne Charles Quint, entre dans Tenochtitlan, capitale ancestrale des Aztèques. L'empereur Moctezuma II le reçoit comme un dieu, croyant fermement au retour de l'incarnation de Quetzalcoatl, le divin serpent à plumes. Cortés, de peau blanche, barbu, vêtu d'une impressionnante cuirasse correspond visiblement à la représentation du dieu augurée par la légende. Le hasard fait bien les choses et le rusé Espagnol se garde bien d'éclaircir ce profitable malentendu. Moctezuma le couvre de précieuses offrandes et lui fait servir la boisson sacrée, réservée d'habitude aux nobles de la société aztèque. Un breuvage sombre qui n'inspire guère confiance. Hernan Cortés sera quand même le premier Européen à goûter au xocohotl, un chocolat ■ ■ ■

Droite :

Durant la floraison entre septembre et décembre, chaque plante génère un grand nombre de fleurs. Une seule par jour, fanée le soir venu. L'éphémère et la fleur de *Vanilla planifolia* visent le même objectif dans leurs courtes existences : être fécondés avant midi.

La Vanille

■ ■ ■ à boire à base d'eau, de cacao grillé et d'épices, aromatisé au tlilxochitl — la vanille mexicaine. Déjà fort appréciée par les Mayas auparavant, cette boisson le sera encore davantage dans toutes les cours aristocratiques d'Europe du XVIIe siècle. C'est le début d'un engouement qui conservera son ardeur jusqu'à nos jours. Vanille et chocolat, conquistadores du monde entier. Baptisée officiellement *Vanilla planifolia* (de l'espagnol « vainilla » diminutif de « vaina » — gaine, gousse et du latin *plani* — plan, aplati et *folia* — feuille), des pieds arrivent enfin à la Réunion au début du XIXe siècle. Oté ! Partout, à la Martinique comme dans les serres chauffées de l'Hexagone, les plantes se développent et fleurissent convenablement après quelques années de culture. Mais il y a un problème. Elles ne portent pas de fruits. Au Mexique, ce sont probablement des abeilles endémiques comme *Mélipona* et *Eulaema* qui se chargent de la pollinisation des fleurs, mais ailleurs ? Il faut attendre 1841, pour voir Edmond Albius, un esclave réunionnais de 12 ans, découvrir la fécondation artificielle du vanillier, applicable à grande échelle. A partir de cet instant, l'histoire de la vanille s'écrit sur l'île Bourbon, la future Réunion. Exportée aux quatre coins du monde, la vanille Bourbon engendra au fil des décennies notoriété et richesses. Sauf pour les esclaves. Après l'abolition décrétée ■ ■ ■

Plus fonctionnelle, la culture sous serre est encore au stade d'expérimentation à la Réunion. Mis à part le manque de charme, l'efficacité qualitative d'une telle installation reste à prouver.

L'orchidée porte ses nombreuses fructifications sur une grappe appelée « balai ». Ramassées à maturité mais encore vertes et fermées, les capsules subissent un bain chaud à 65°C pendant environ trois minutes. Ensuite il faut transpirer. Toujours bouillantes, elles se trouvent empilées dans des couches de tissu et placées dans un caisson. Après une nuit de repos, la métamorphose est surprenante. De couleur chocolat, les fruits sortent souples et reluisants à la sortie du hammam, tout à fait prêts pour le séchage final. Importées de Madagascar, on trouve parfois ces jeunes gousses sur les marchés réunionnais. Ne vous laissez pas aveugler par leur aspect séduisant. L'authentique arôme ne se développe que beaucoup plus tard. Une bonne gousse de vanille est fripée et huileuse au toucher. La preuve par l'image : deux semaines séparent la gousse de gauche et celle de droite, et leur calvaire n'est pas fini.

La Vanille

■■■ le 20 décembre 1848, et malgré l'intervention de son ancien « maître » M. Bellier Beaumont de Sainte Suzanne auprès du gouvernement colonial, jamais Edmond Albius ne bénéficiera d'une reconnaissance quelconque. Il meurt en 1880 dans la misère absolue. Son ingéniosité aura pourtant permis de développer largement la culture et la production de vanille dans une île en avance sur son temps. Si en 1848, le butin est encore modeste (50 kg expédiés en France), un demi-siècle plus tard, 200 tonnes de vanille partent en bateau pour satisfaire une demande de plus en plus frénétique. Aujourd'hui, la donne a changé : réunies sous le label vanille Bourbon, les productions comorienne et surtout malgache alimentent plus de 80 % du marché international. A la Réunion, le temps des records est révolu, mais à en croire les amateurs et les professionnels de la restauration, la vanille Bourbon réunionnaise reste malgré tout la référence des fins palais.

Séchées trois heures par jour pendant une semaine dans un four particulier, les gousses perdent une grande partie de leur humidité et de leur jeunesse. Elles se rident, se contractent. Le soleil achèvera le travail. Encore une semaine sur les étalages, serrées comme des sardines dans leurs fameuses boîtes, et leur aventure touchera à sa fin.

Calibrées, assemblées en bottes compactes, les gousses n'attendent qu'une chose : un gros dodo. Non pas l'oiseau mais un repos de maturation, de fermentation, pendant 8 à 9 mois, emballées, entreposées dans de grandes caisses en bois. C'est là que leur parfum prend toute son ampleur et le label Bourbon sa légitimité. Plus de cent composants chimiques constituent l'identité olfactive de la vanille. On comprend mieux pourquoi la vanilline artificielle ne ressemble que de loin à l'original, en analysant son spectre aromatique : à peine 15 éléments essayent de caricaturer l'odeur si agréable. La qualité a un prix et le processus complexe de transformation le justifie. Après le véritable safran, la vanille est le condiment le plus précieux sur le marché mondial.

Index

ESPECE	PAGE	ENDEM.	ALTITUDE	FLORAISON	HABITAT
Aerangis sp.	29	?	800 - 1 000 m	fev. - mars	Forêt humide
Aeranthes arachnites	30, 50		0 - 800 m	janv. - avril	Forêt humide, semi-sèche
Aeranthes strangulata	33	x	300 - 1 200 m	déc. - mai	Forêt semi-sèche
Angraecum borbonicum	40		700 - 2 000 m	déc. - janv.	Forêt humide
Angraecum bracteosum	43, 37, 59	x	700 - 1 200 m	fev. - mai	Forêt humide
Angraecum cadetii	37, 59		300 - 1 000 m	mars - mai	Forêt humide
Angraecum caulescens	37		400 - 1 200 m	déc. - mars	Forêt humide
Angraecum cornigerum	44	x	1 000 - 1 700 m	déc. - janv.	Forêt humide
Angraecum cucullatum	38		500 - 1 200 m	nov. - janv.	Forêt humide
Angraecum eburneum	47, 10		0 - 800 m	mai - sept.	Forêt humide, semi-sèche
Angraecum expansum	53	x	700 - 2 000 m	nov. - fev.	Forêt humide
Angraecum germinyanum	54		600 - 1 000 m	janv. - avril	Forêt humide
Angraecum liliodorum	57	x	0 - 500 m	déc. - mai	Forêt humide, semi-sèche
Angraecum mauritianum	34		300 - 1 200 m	fev. - avril	Forêt humide, semi-sèche
Angraecum pectinatum	36		0 - 1 000 m	déc. - juin	Forêt humide
Angraecum ramosum	41		0 - 1 500 m	fev. - avril	Forêt humide
Angraecum striatum	59, 11	x	700 - 1 600 m	janv. - avril	Forêt humide
Arnottia mauritiana	60		700 - 1 500 m	juillet - août	Forêt humide
Beclardia macrostachya	63		400 - 1 500 m	déc. - mai	Forêt humide
Benthamia latifolia	64		800 - 1 500 m	janv. - juin	Forêt humide
Benthamia nigrescens	64		800 - 1 500 m	mars - mai	Forêt humide
Benthamia spiralis	13		800 - 1 500 m	avril - juin	Forêt humide
Bonniera appendiculata	66	x	1 000 - 2 000 m	déc.- fev.	Forêt humide
Bonniera corrugata	69	x	800 m - ?	déc. - mars	Forêt humide
Bulbophyllum caespitosum	78		600 - 900 m	oct. - déc.	Forêt humide
Bulbophyllum densum	72		400 - 1 500 m	mars - mai	Forêt humide
Bulbophyllum incurvum	76		400 - 1 000 m	fev. - mars	Forêt humide, semi-sèche
Bulbophyllum macrocarpum	75		400 - 1 200 m	nov.	Forêt humide
Bulbophyllum nutans	71		300 - 1 700 m	fev. - août	Forêt humide
Bulbophyllum occlosum	81		700 - 1 000 m	mars	Forêt humide
Bulbophyllum occultum	77		0 - 800 m	août - nov.	Forêt humide
Bulbophyllum variegatum	82		0 - 900 m	oct. - déc.	Forêt humide
Calanthe sylvatica	84		200 - 1 500 m	janv. - mars	Forêt humide, semi-sèche
Calanthe candida	87		400 - 800 m	avril - mai	Forêt humide, semi-sèche
Corymborkis corymbis	13		500 m - ?	janv. - fev.	Forêt humide
Cirrhopetalum umbellatum	91		200 - 1 000 m	déc. - avril	Forêt humide, semi-sèche
Cryptopus elatus	94		200 - 900 m	déc. - mars	Forêt humide, semi-sèche
Cynorkis purpurascens	99		700 - 1 500 m	déc. - juin	Forêt humide, semi-sèche
Cynorkis squamosa	100		300 - 1 400 m	sept. - oct.	Forêt humide
Disperis discolor	103		400 - 800 m	janv. - avril	Forêt humide, semi-sèche
Disperis oppositifolia	104		0 - 800 m	août - sept.	Forêt humide
D. o. var. mascarensis	104	?	700 - 800 m	janv. - ?	Forêt semi-sèche
Disperis tripetaloides	104		300 - 600 m	mars - avril	Forêt humide
Eulophia pulchra	106		400 - 1 000 m	fev. - mai	Forêt humide
Eulophia versicolor	106		400 - 800 m	fev. - mai	Forêt semi-sèche
Graphorkis concolor	109		0 - 700 m	nov. - janv.	Forêt humide, semi-sèche
Habenaria prealta	113	x	500 - 1 000 m	juin - sept.	Forêt humide
Habenaria sigillum	114		300 - 800 m	mai - juillet	Forêt humide
Jumellea fragrans	117		500 - 1 500 m	déc. - avril	Forêt humide
Jumellea recta	118		200 - 1 000 m	déc. - janv.	Forêt humide, semi-sèche
Jumellea recurva	17		400 - 800 m	janv. - avril	Forêt humide
Jumellea triquetra	121		700 - 1 800 m	nov. - fev.	Forêt humide
Liparis caulescens	122		800 - 1 200 m	fev. - avril	Forêt humide
Liparis disticha	122		400 - 900 m	nov. - fev.	Forêt humide, semi-sèche
Liparis flavescens	122		700 - 1 300 m	janv. - mars	Forêt humide
Oeonia rosea	125		700 - 1 200 m	fev. - avril	Forêt humide
Oeoniella polystachya	126		400 - 700 m	sept. - oct.	Forêt semi-sèche
Phajus pulchellus	128	?	700 - 1 200 m	déc. - mars	Forêt humide
Phajus tetragonus	131		200 - 1 000 m	mai - août	Forêt humide
Polystachia cultriformis	135		300 - 800 m	déc. - avril	Forêt humide
Polystachia fusiformis	137		500 - 1 000 m	janv. - mars	Forêt humide, semi-sèche
Polystachia mauritiana	138		400 - 1 000 m	déc. - avril	Forêt humide, semi-sèche
Satyrium amoenum	141		2 000 - 2 400 m	mars - avril	Prairies de haute altitude
Solenangis aphylla	142		400 - 800 m	nov.	Forêt semi-sèche

Glossaire

Bractée :	feuille de taille réduite et de forme différente insérée à la base du pédoncule. Enveloppe parfois entièrement la fleur (*Bulbophyllum occultum*).
Broméliacée :	famille de plantes tropicales, en majorité épiphytes dont l'ananas représente l'exception à la règle.
Canopée :	étage sommital des arbres de forêts primaires.
Colonne :	ou gynostème ; parties mâles et femelles soudées, constituant l'organe sexuel en forme de colonne.
Endémique :	qualifie la répartition exclusive d'une plante ou d'un animal natif d'une région déterminée. Endémique de Mafate, endémique des Mascareignes...
Eperon :	appendice tubulaire situé à la base de la fleur.
Epiphyte :	du grec *epi* – sur et *phuton* – plante ; végétal non parasite poussant sur un autre, généralement un arbre.
Fanjan :	nom vernaculaire de la fougère arborescente *Cyathea glauca*, *C. borbonica* et *C. excelsa*.
Géophyte :	plante à organe souterrain persistant : bulbe, tubercule, rhizome...
Hybride :	du lat. *hybrida* – de sang mêlé ; animal ou végétal résultant d'un croisement naturel ou artificiel.
Ikebana :	art florale japonais dont les règles, codifiées depuis le VIIe siècle, obéissent à une symbolique précise.
In situ :	lat. dans son milieu naturel
In vitro :	lat. dans le verre ; la culture de plantules en milieu stérile dans des bocaux.
Lithophyte :	du grec *lithos* – pierre et *phuton* – plante ; végétal se développant sur les rocher.
Pédoncule :	queue d'une fleur ou d'un fruit ; liaison entre la hampe florale et la fleur.
Phéromone :	substance odorante, volatile, produite par certains animaux (insectes...), transmetteur d'informations qui déclenchent des réactions spécifiques de la part de leur congénères. Phéromones sexuelles, phéromones d'alarme...
Pollinies :	pollen agglutiné.
Zygomorphe :	terme qualifiant les fleurs symétriques rélativement à un plan.

Bibliographie et sites internet

Aubert Du Petit Thouars , *Histoire particulière des plantes d'orchidées recueillies sur les trois îles australes d'Afrique, de France, de Bourbon et de Madagascar* ; 1822
E. Jacob de Cordemoy, *Flore de l'île de la Réunion* ; Paris 1895
Roger Lavergne, *Fleurs de Bourbon* ; Saint Denis, Réunion 1980
Janine Cadet, *Les orchidées de la Réunion* ; Saint Denis 1989
Conservatoire national de Mascarin, *L'île de la Réunion par ses plantes* ; Editions Solar, 1995
L'ABCdaire des Orchidées, Flammarion ; Paris 1996

Les orchidées de la Réunion, Orchidophiles du Sud :
www.chez.com/orchidrun/PAGE2Frameset.html
Le guide des orchidées des Mascareignes, Michel Szelengowicz :
http://perso.wanadoo.fr/mascaorc/
La flore réunionnaise : www.liledelareunion.com/Fr/Flore
Encyclopédie des orchidées (en anglais) : www.orchidspecies.com

Merci

Jean Olivier, Charles Roblet, Serge Prouteau, Regis Gravant
pour les nombreux dépannages et conseils en informatique.

Michel Szelengowicz, Damien Hubaut, Serge Prouteau,
passionnés des orchidées réunionnaises.

Et surtout : Stephanie Buttard, Vincent Pion et Anne Angibot,
courageux et infatigables affineurs de textes.

Meteo France, Saint Denis, Réunion
Air Bourbon, Réunion
La coopérative de vanille de Bras Panon, Réunion

Imprimé chez
Tecnograf, Espagne
© Editions mabé 2004
Saint Denis, Réunion
editionsmabe.com
Depot légal : octobre 2004
ISBN 2-9522529-0-4